- 2017年度教育部人文社会科学研究专项课题"全员育人:'同向同行'的平台设计与教师组织——以'大国方略'系列课为例",项目批准号:17JDSZ1013
- 上海高校思想政治理论课名师工作室——"顾晓英工作室"成果

微信扫一扫
关注"顾晓英工作室"

经国济民课程直击

顾晓英　编著

上海大学出版社
·上海·

图书在版编目(CIP)数据

经国济民课程直击 / 顾晓英编著. —上海：上海大学出版社，2018.4
ISBN 978 - 7 - 5671 - 3103 - 3

Ⅰ.①经… Ⅱ.①顾… Ⅲ.①中国经济—经济发展战略—高等学校—教材 Ⅳ.①F120.4

中国版本图书馆 CIP 数据核字(2018)第 077021 号

责任编辑　傅玉芳　徐雁华
　　　　　　庄际虹　陈　强
封面设计　柯国富
"经国济民"Logo 设计　米　乐
技术编辑　金　鑫　章　斐

经国济民课程直击
顾晓英　编著
上海大学出版社出版发行
(上海市上大路 99 号　邮政编码 200444)
(http://www.press.shu.edu.cn　发行热线 021 - 66135112)
出版人　戴骏豪

*

南京展望文化发展有限公司排版
上海颛辉印刷厂　　各地新华书店经销
开本 710 mm×1000 mm　1/16　印张 10　字数 164 千
2018 年 4 月第 1 版　2018 年 4 月第 1 次印刷
ISBN 978 - 7 - 5671 - 3103 - 3/F・177　定价：36.00 元

主编心语

"我是个用心的教师。"自 1990 年选择教书这一职业,就是因为自己想通过努力改变一些现状。28 年来,我从未离开高校思想政治教育教学第一线,我从不把教学看作是日复一日、年复一年、单调乏味、没有创造力的机械劳动。相反,一张张生气勃勃的面孔,总让我感到教学的灵动。2004 年以来,我教过的课程班都设有班级"乐乎论坛圈子",而今还建立了课程班微信群,学生可以随时随地发表自己的课堂感想。我会不定期地浏览流淌着学生心声的帖子和书面文字,从成千上万的帖子和报告中选取部分,或回复,或转给相关教师一同分享。我一直愿意轻松快乐地谈论教学。这是我对高校思政教学的追求,是我多年来聚焦课堂研究、聚焦课程教学学术研究的立足点,也是本书编著时我的心境。我衷心期待读者能以同样的心境阅读本书。

教师即研究者。在教师坚定不移地聚焦教与学的过程的研究时,教学方法研究成果浩瀚,但全景式、原生态、系统性地呈现思想政治立场、观点和教学方法的创新成果却不多,尤其是以一门课为对象,列示教师教学方法探索和实践智慧的研究成果更稀少。教学归根到底是一种教育理论指导下的实践,教育教学是教师的实践智慧。只有在多年的教学实践中不断摸索、不断创新,既深刻体验过也内在认同过的理论和理念,才具有真正的指导价值和共享意义。正是基于这种认识,也基于教师提升的实际需要,我决定编著这本书。

教师即课程。作为有着七年学校通识教育教学管理经历的思政课教师,我一直在寻觅思想政治教育与通识教育之间的契合点和会通处,并致力"同向同行"的通识教育课程体系设计与课程开发。《经国济民课程直击》是我继《叩开心灵之门——思想政治理论课"项链模式"教与学实录》《大国方略课程直击》《创新中国课程直击》之后编撰的第四本展现课堂原生态的书。它也是我本人以上海大学"同向同行"之"大国方略"系列课程联袂策划人、师资组织者、课程推广者等多重身份,坚持"项链模式"教学,探索通识教育课程与思想政治理论课"同向同行",形成协同效应,全力践行灵动活跃的课堂内外师生交互之后,心有所思、情有所感而完成的。本书全方位地呈现了上海大学通识教育教学改革理念和实践背景下思政类通识课课堂教学的思考与实践,编录了课程班学生的心得体会,汇集了教学团队辛勤付出而取得的成果。

课堂传递话语。新时代教师必须主动学习、率先学习,做"先进思想文化的传播者、党执政的坚定支持者,更好担起学生健康成长指导者和引路人的责任"。作为教务处管理人员和年年耕耘在课堂教学第一线的思政课教师,我深知我们责无旁贷,因为我们承担着"为学生一生成长奠定科学的思想基础"的重任。本书呈现了我们团队的教学研究心得,汇总了多学科名师在"经国济民"课堂上的真知灼见,涌现了"同向同行"教学团队的教学创新智慧,蕴藏着一种在课内外师师和师生之间的教学相长与师生同乐的气息。我感佩主讲教授们的"理论中国"气度。他们把握青年学生特点,用课堂传递中国经济话语,用"听得懂、能领会、可落实"的鲜活话语来引领学生,为中国话语体系建设提供了最扎实的精彩课堂样板。他们坚持立德树人,向青年学子展示古老民族自强不息的实践,"秀"出超越历史的独特文字和文字蕴含的话语优势,让学生体悟理论创新,见证新时代中国如何争取到国际舞台更多的话语权,让青年学生喜闻乐见并感同身受,不断增强其政治认同、思想认同和情感认同。

课程融合信息化。上海大学"大国方略"系列课程教学团队率先驰骋,开启上海市"课程思政"快车。系列课之二"创新中国"通过超星尔雅网络课学习平台运行,500多所高校的10万名学生选课,已率先获评2017年度首批国家精品在线开放课程,"创业人生""时代音画""经国济民"也已上线。我们努力将成果辐射到更多高校,引领更多教师教出风格,打造更多充满设计感的网"红"靓课,满足更多青年人的成长需求和发展期待。

课程的发展也是教师的发展。本书旨在为师生提供一个实用的创新教学指南,它真切可行,简明易学。本书呈现了我们的设计理路、教学成果,它使教师工作获得生命力和尊严。编著这本书时,正值年初中共中央、国务院出台《关于全面深化新时代教师队伍建设改革的意见》,文件强调落实"教书育人,立德树人"根本任务,倡导增强教师的幸福感和荣誉感,使教师真正成为受人尊敬、让人羡慕的职业。希望本书能与我之前编著的《叩开心灵之门——思想政治理论课"项链模式"教与学实录》与《大国方略课程直击》《创新中国课程直击》一样,激发教师投身教改,让教师享受到职业的幸福感和荣誉感。

当亲爱的你翻开本书,我的心里充满喜悦。因为你我有缘分享这段我们团队的教学探索经历。

最后,分享英国著名的课程理论家劳伦斯·斯滕豪斯的隽语:"教师将以自己的理念,最终改变整个学校世界。"

春暖花开。行走吧,在教改的天地里。

顾晓英

2018 年 4 月于上海大学

目 录

上篇　课程设计与研究

从"睁眼看世界"到"中国话语权" ……………………… 顾　骏　3
用中国道理诠释中国社会 …………………………………… 顾　骏　5
中国效率的故事该怎么讲 …………………………………… 顾　骏　9
提升思政课课堂教学"抬头率"的思考与实践 …………… 顾晓英　11
实现课程价值　满足学生期待
　　——基于"经国济民"课程班学生反馈的研究 ……… 顾晓英　16

下篇　课程教学与反馈

2017—2018 学年秋季学期

一、"中国之谜"谁来解? ……………………………………………… 25
二、中国政府的效率何来? …………………………………………… 32
三、如何把握中国道理? ……………………………………………… 39
四、"三驾马车"如何让中国经济高速发展? ……………………… 55
五、"铁三角"如何保障中国经济发展的高效率? ………………… 60
六、"铁公基"如何贡献于中国效率? ……………………………… 64
七、房地产如何贡献于中国效率? …………………………………… 69
八、创新如何确保中国可持续发展? ………………………………… 75
九、解读中国之谜意义何在? ………………………………………… 79

2017—2018 学年冬季学期

学生说之一 ··· 93

学生说之二 ··· 98

附录　课程成果与推广

附录一　课程安排 ··· 101

附录二　金句集萃——来自教师 ······································ 106

附录三　核心团队 ··· 109

附录四　教师风采 ··· 110

附录五　新媒体推广 ·· 124

附录六　在线课程 ··· 125

附录七　项目和基金 ·· 126

附件八　媒体报道精选 ··· 127

附录九　媒体报道集锦 ··· 142

后记 ·· 151

上篇

课程设计与研究

从"睁眼看世界"到"中国话语权"

顾 骏
(上海大学社会学院教授)

自2014年冬季上海大学开设"大国方略"课以来,"不是思政课的思政课"已经俨然成为系列,从"大国方略""创新中国""创业人生""时代音画"到"经国济民",把大学生关心但一时没有合适课程专门讲授的内容,引入课堂,借助课程平台,取得了明显的教学效果。与此同时,课程本身也得到持续发展,实现了从"睁眼看世界"到"中国话语权"的演进。

"大国方略"的主旨是引导大学生"睁眼看世界",全面认识当下中国与世界的关系所处的深刻转折。从过去世界走进中国,到如今中国走进世界,中国需要处理的事情明显复杂了,大学生身处历史拐点,对时代变化和国家前景必须保持敏锐的感觉,否则就会跟不上发展形势,找不到人生方向。

"创新中国"从当今世界面临的一大难题即未来经济增长的生长点到底在哪里入手,同大学生一起讨论"世界等待着什么,中国需要什么,上海承担什么,上海大学能做什么,大学生可以学什么",帮助他们明确自己的发展方向和专业选择。

"创业人生"呼应了中国走出传统发展模式、争取产业升级的潮流,通过引入各方创业精英,引导大学生从人生意义的高度,思考个人创业的可能性和可行性,为未来人生选择打下心理、思想和技能基础。

"时代音画"的教学目标是加深大学生对中国近现代史的体验,不同于传统历史课主要运用语言进行相关史实和知识点的传授,这门课专门设计利用近现代史上经典作品包括音乐和绘画,让大学生通过体验,感受时代脉搏。

"经国济民"的着眼点是改革开放以来中国连续40年的经济高速发

展,越来越引起世界关注,但至今为止却没有得到科学合理的说明,中国发展之谜等待着中国人来破解。如何在破解的过程中,提炼出中国经济话语体系,增加中国话语权,已经成为树立文化自信的一个关键点。

五门课的主题各有不同,但都紧紧围绕一个核心内容,那就是当今大学生如何与民族共命运,在国家发展和个人前途的交汇点上,找到人生的锚地,规划未来,设计自己。

"不谋万世者,不足谋一时;不谋全局者,不足谋一域。"大学生只有开阔视野,放远眼光,才能看清楚眼前该做什么。盯着鼻子底下的方寸之地,只管打自己的小算盘,做一个"精致的利己主义者",最后不但难以符合国家要求,也不利于实现自身最大价值。

"大国方略"系列课程不仅希望学生知道家国道理,更希望学生在知道的过程中,能从"知其然"演进到"知其所以然",明白今天中国是怎样的,更知道中国何以会这样。因为他们不但承载了建设未来国家的重任,还肩负着为中华民族在世界上发出声音的使命。中国走进世界的一种形式就是在国际舞台上发表中国的主张,既为维护国家利益,也为构建更加公平正义的国际秩序。这必然要求大学生在校期间确立人类意识、全球意识、责任意识和民族意识,能针对人类面临的共同问题,运用中国智慧,提出能为其他国家乃至全世界所接纳的解决方案。

为此,大学生亟须补上传统文化这一课,只有全面而且充分了解民族的历史,了解中国文化在人类文明共同体中的独特地位,了解中国文化传奇般的生命力,了解中国文化在近现代同西方文化遭遇后如何自觉反思、主动变革,才能了解今天中国取得的成就,才能对未来中国充满信心,才能在文化自信的基础上,树立道路自信、理论自信和制度自信,真正成为中华民族伟大复兴的建设者。

中国的未来属于今天的年轻人,也依赖于今天的年轻人,享受成果和承担责任都将是同一代人,而今天的大学课堂应该肩负起培育这一代人的重任,"大国方略"系列课程的初心即在于此。

2018 年 4 月于上海大学

用中国道理诠释中国社会

顾 骏

（上海大学社会学院教授）

马克思主义传入中国后，形成中国化的马克思主义，即毛泽东思想和中国特色社会主义理论。历史经验表明，中国社会学不但需要马克思主义的指导，还可以从马克思主义中国化的进程中发现构建中国社会学话语的策略和路径。

一、有了问题和看法，还得有方法

学习马克思主义，我们强调的是立场、观点、方法，重视问题导向。引进马克思主义，是要加深对中国的认识，解决中国的问题。所谓立场，体现价值论自觉，即站在谁的一边选择需要破解的问题。研究社会问题不是价值无涉的，而要明确着眼于一定群体、一定利益、一定目的。所谓观点，也就是看问题的角度。找到了问题，从哪个角度看会得出不同的认识、选择不同的解决方案。所以，这是一个方法论的问题。所谓方法，涉及具体的技术手段。问题有了，看法有了，最后怎么解决问题，还得靠方法。马克思说过，哲学家们只是用不同的方式解释世界，问题在于改变世界，而改变世界必须掌握科学的方法。

马克思主义中国化走了一条实事求是的道路。实事求是是中国传统的思想方法，也是推进马克思主义中国化的基本策略。所谓实事求是，一方面是在马克思主义的指导下，通过中国的成功实践，发现真理性、规律性的内容；另一方面也是对马克思主义理论，尤其是具体结论进行选择，使能够用于中国革命和建设的部分得到坚持，而不适用于中国实际的得到扬弃。实事求是的态度，保证了马克思主义中国化能够在最大限度上同中国人民的实践相匹配。

马克思主义中国化特别专注于马克思主义和中国优秀传统文化的彼此融合、相互转化。几千年来,封建糟粕文化常说压迫有理、剥削有理。自从马克思主义进来后,我们就把这个旧案翻过来了。这是个大功劳,这个道理是无产阶级从斗争中得来的。根据这个道理,于是就有了反抗、有了斗争,就干起了社会主义。这里,中国的"道理"生动地诠释了马克思主义的"理论"。这样的话语转化,明显借用了中国传统的思想材料和话语形式,确保普通中国人都能听懂,都能知道社会主义是怎么回事。

把以上三点概括起来,用一句话来表达就是:马克思主义中国化是中华民族历史选择主体性的体现。以此思路来看待今天建设中国社会学话语体系,就不能满足于话语的简单堆积,也不能纠缠于特定理论却提不出可以自圆其说、让人听得明白的话语体系。构建中国社会学话语体系,不仅需要具体的鲜活话语,而且需要贯穿话语的主轴,需要相应的学理支撑。否则,中国社会学话语体系即便形式上有了,也难免沦为世界社会学的边缘。

二、推动中国特色转向世界意义

中国社会学话语体系要有中国视野、中国地位、中国主题、中国思想和中国经验的支撑,才能实现中国特色向世界意义的转化。为此,需要认真考虑以下五个问题:

第一,建设中国社会学话语体系从哪里入手?

建设学科话语体系不能离开相关的理论,但局限在具体理论中,不考虑理论到底是拿来干什么用的,这样建成的话语体系的实际价值肯定是有限的。科学说到底,是拿来干活用的。就此而言,无论应用社会学还是理论社会学,着眼点都要放在方法上,而不只是某个学派的理论表述。

第二,建设中国社会学话语体系目标是什么?

打个比方,医学有中医和西医之别。西医不见得认同中医,但只要不拿西医作为标准来衡量中医,而以能否治病来衡量中医和西医,那中医是可以作为西医的平行体系而存在并发挥作用的。站在这个角度来看,中国社会学话语体系也应该是一个同西方相平行的体系。

改革开放以来,中国的经济发展超越了传统西方经济学解释的范围。如果中国发展模式相对于西方来说构成了平行模式的话,那用于解释中国发展的中国社会学话语为什么不能成为平行于西方的体系呢?马克思主义中国化找到的"农村包围城市"的道路,找到的社会主义市场经济,都具有某种平行的特点。把这样的思路运用于社会学,是否意味着以中国视野来看待人类社会,提出平行的知识传统和认知内容是完全可行的?

第三,中国社会学特有研究主题何在?

构建中国社会学话语体系,不能没有中国社会学研究主题。简单套用西方社会学研究主题,会造成中国社会学话语体系缺乏独立性、针对性。西方社会学自诞生起就确立了秩序和进步两大主题,由此导出了研究秩序是如何形成和维护的社会静力学,以及研究变迁是如何实现的社会动力学。现在可以考虑的是,在秩序和进步之外,人类社会是否存在第三种状态?相应的,在社会静力学和社会动力学之外,是否还存在第三种社会学?

站在中国文化立场上,第三种状态是完全可能存在的。中国传统文化注重"势",就是似静非静、似动非动和由静而动、由动而静的中间状态,类似于《易经》所讲"潜龙勿用"中的"潜"字。第三种状态来源于中国独特的思维方法。与西方思维习惯采用二分法不同,中国思维往往是三分法乃至多分法。

20世纪70年代,西方把世界分为两个部分:发达国家和发展中国家;毛泽东同志精辟地提出了三个世界的理论,即超级大国、发达国家和发展中国家。这一鲜明的立论,服务于中国的外交战略,产生了巨大、持久的国际影响力。

如果我们将这种三分法引入社会学研究中,就会发现大量的现象、状态可以成为中国社会学的研究对象。由此形成的理论和概念,就能真正有助于构建中国社会学话语体系。

第四,如何从中国式社会感悟发现学科思想材料?

中华民族是高度关注人际交往、社会关系的民族。对于社会生活的感悟,在中国古典文献中比比皆是。今天的社会学研究者有没有慧眼从中去发现、挖掘思想材料呢?比如,西方符号互动理论中有情景定义概念,类似意思在中国成语中其实早已有之,那就叫"瓜田李下"。

中国历史文献中,有着海量的不以理论和概念形式存在的思想材料,就看我们有没有能力去发现和发掘。仅仅按图索骥,比照西方概念,作牵强附会的攀比,实属无意义之举。倘若能面对人类社会面临的现实难题,针对世界社会学理论思考的难题,从中国传统文化中寻找相应思想材料,积极提炼学科话语和运用方案,那它的理论意义和实践价值就大了。

第五,如何从中国生活经验中提炼理论成果?

社会学来到中国后,严复译作"群学"。如此翻译,只是个人的理解和喜好吗?费孝通在《乡土中国》里提出了"差序格局",涉及的其实就是"群"的概念。从出生群体到血缘群体,到邻里群体,到国家,最后到天下,中国人的世界以"群"的形式存在。改革开放以来,中国学者研究单位制,也最终落到了"群"的概念。由此不得不让人联想,中国社会学与"群学"冥冥之中是否存在某种默契?

1840年以来的历史变迁,传统纽带依然存在于中国社会之中。接下来,有待中国社会学者突破的是,如何从中国的社会现实中提炼出有说服力的解说及其理论化体系。

总之,借鉴马克思主义中国化,可以为构建中国社会学话语体系打开全新的空间。当下,开发中国社会学的方法和理论,正当其时。

原文发表于《解放日报》2017年9月26日第013版

中国效率的故事该怎么讲

顾 骏
(上海大学社会学院教授)

好的故事一方面需要叙述令人印象深刻的中国发展进程,另一方面也要加大力度,分析中国发展的内在逻辑。

在强调体验的互联网时代,如何讲好中国故事,让世界更好地了解中国?众所周知,讲故事不能单纯地站在讲述者的角度,而要更多地站在听故事者的角度,选择他们有兴趣的主题、内容和讲述方式,这样才能创造出越来越多的中国故事,做到"有听众,能记住,愿接受"。

中国是一个文明古国,拥有悠久的历史和灿烂的文化,但相对来说,各国民众更感兴趣的是当代中国,尤其是当代中国的快速发展。然而,随着中国经济发展成果为越来越多的人所知晓,再简单地介绍当代中国发展的各种表现,容易显得过于直白,难以形成吸引力。要在大家有兴趣的主题上,亮出新的聚焦点,引起大家更大兴趣,必须对故事内容作进一步开发。

以中国的快速发展这一主题为例,好的故事一方面需要叙述令人印象深刻的中国发展进程,另一方面也要加大力度,分析中国发展的内在逻辑,说明中国经济发展既不是没有原因的,也不是只顾眼前、牺牲长远的。说清楚中国道路、中国理论、中国制度乃至中国文化的重要作用,始终是必要且重要的。同时,还需要聚焦于中国经济发展背后的效率。中国能在这么短的时间里发展得那么快,根本上就表现为效率高。如果能够解释清楚中国效率是怎么来的,将引起观察中国并希望借鉴经验的国家产生更大的兴趣。

在西方主流经济学体系中,政府往往是没有效率的,为什么中国政府那么有效率?这就是一个非常有吸引力的问题。由此展开中国故事,可

以更好地吸引听众的关注,产生更好的传播效果。更进一步开掘,中国政府的效率从哪里来？来自中国共产党的领导,来自"集中力量办大事"的体制优势,来自中国特色社会主义道路,还有来自中国的文化传统。中国故事讲到这里,就讲出了深度和历史感,讲出了文化自信,也让外国人对中国文化和历史有了更多的了解。

著名中国学专家费正清曾提出,以一种政府形式所管理的人口和其存在的时间相乘获得的乘积而论,中国在世界上是独一无二的。这个判断背后,是"巨型组织"的效率问题。一个国家能达到多大规模,不完全取决于人的意志,更取决于其组织形式的效率,也就是动员资源解决问题的能力。一个社会动员资源越多,消耗资源越少,说明其运行效率越高,其规模才可以越大。自秦代以来,中国以一种大一统的政府形式历经千年,在人口与时间的乘积层面,积累了世界第一的效率经验。通过"中国效率"的故事,各国民众不但看到了当代中国的现实,还看到中国发展背后的文化因素。中国何以必须走自己的道路,就更加不容置疑了。

效率故事只是中国故事的一个版本,只要我们提高讲好中国故事的意识,善于从现实生活中找到素材,善于针对各国民众的兴趣提炼出中国故事的聚焦点,善于围绕核心观点梳理中国特有的思想逻辑和实践经验,善于将传统话语与现代概念相互转化,就可以不断设计和撰写出有解释力、感染力和说服力的中国故事。在一个个中国故事的基础上,形成中国的话语体系,最终同中国硬实力相结合,生成具有战略价值的中国话语权。

原文发表于《人民日报》2017年8月1日第05版

提升思政课课堂教学"抬头率"的思考与实践

顾晓英

（上海市思政课名师工作室
——顾晓英工作室主持人）

高校思政课的课堂是马克思主义理论教学目标实现的主渠道，是学生认知并且认同中国特色社会主义理论的主战场。"抬头率"是指学生在听思政课时的听课效果，有多少学生愿意抬头听讲。"抬头率"是思想政治教育是否入耳入脑入心的直接体现，如何"打造一批精彩课堂"，提升思政课课堂的学生"抬头率"是摆在每一位思政课教师面前的重要课题。2014年起，上海大学面向全校本科生开设通选课"大国方略"，之后又分别开发出"创新中国""创业人生"和"时代音画"等系列课程。每学期，"四重奏"的"大国方略"系列课程，广受学子欢迎。可以说，"大国方略"系列课逐步探索出了一条提升思政课程"抬头率"的成功之路。

一、优秀的师资集成是确保"抬头率"的"软实力"

教师永远是影响课堂教学"抬头率"的最重要因素。教师对思政课教学目标的理解、主体性教育理念、师德水平和育德能力、理论知识、实践性智慧和自我效能感等，这些都在很大程度上左右着思政课教师的教学行为和教学效果，影响着"抬头率"的高低。

提升"抬头率"，思政课教师必须明了身份要求和课程承载的特殊意蕴。思政课教师从事的是高校意识形态主阵地建设工作，必须真学、真懂、真信、真用马克思主义理论，其"天职"就是把自己对中国特色社会主义的理论认同、政治认同、情感认同，转变成当代大学生的理论认同、政治认同、情感认同。有效促进学生认同，必须强调思政课教师"隐藏"真正的教育意图，把握合理的切入点和着力点，把学习自主性与主动权还给学

生。"大国方略"系列课隐形置身于通识教育选修课的各大模块，霸气的课名，强大的教师阵营，让学生抢座位、抬起头，不经意间得到价值引领。

提升"抬头率"，必须以教师的素养及其对课堂的感受为依据，实现课程的有创意的教，逐渐从单一教师的教向组合团队的教转变。思政课的各门课程有专题分工，又有专业化分工，课程越来越朝着集成化方向发展，跨学科的教学团队突破了原先垂直的院系内教研室行政化教学管理体系，与兄弟院系形成交叉组合，有的已经借助课程平台走向"课程外"的科研横向合作。在与学生交互过程中，并非专职思政课教师的教授们表现出坚守讲台的坚韧性，他们用同理心和角色互换宽容处理师师关系与师生关系，他们对复杂问题有基于自身学科视角的独到判断，并具有完备的价值体系，以自身对教育的热爱、对学生的关爱等行动，结合自身学术研究和科研创新经历，在故事讲述中蕴含社会主义核心价值观；系列课教师对待课程教学精益求精，每学期教师自愿组合，课前明确教学目标，由思政课教师重点把握每个专题的思政主线，主讲教师们则围绕国际国内前沿研究和教师自身研究专长，重点挖掘科学精神与家国情怀、研究路径与思维方法；除了研究课程内容，教学团队还就如何导入课程、如何协调观点、如何激励学生、如何测量学生的学习产出、如何评估教师的教、如何考等展开研讨。

提升"抬头率"，必须考察教师是否选用了科学有效的教法和考法。系列课程全部采用问题式专题教学，采取已获国家级教学成果奖的上海大学首创的"项链模式"施教，由思政课教师担任课堂主持，把握课程主线，邀请不同学科背景的名师大家，聚焦处于全球框架内的当今中国面临着的重大问题，从各自角度或研究层面展开对重大理论问题的阐释，以深化与支撑中国特色社会主义理论体系教育；团队合作教学既有机融入马克思主义理论学科，又跨越学校高峰高原各学科搭建课程组交互平台，实现师师互动；通过实体课堂与网络微信课程、校园网络课程论坛互动教学空间之间的"三体联动"，引领学生进入充满活力的开放公共领域，帮助学生在潜移默化中接受并理性认同思政课教学内容。系列课教师团队注重对学生的过程性考核，采取开卷开放题考核，结合课后网络反馈、项目、读书笔记等平时考查，不重知识点重认同，用多个环节多元数据检验学生对理论的认同状况和创新思维水平。

二、"适应需要"并让学生学习"有用"的教学内容是提升"抬头率"的"硬实力"

教学内容是培养能力和品格的载体。它既有课程必须承载的教的内容,也包含学生需要接受的学的内容。思政课是进行社会主义核心价值观教育、帮助大学生树立正确世界观、人生观、价值观的核心课程,有着学生所不曾预想的"大用"。

"适应需要"并让学生学习"有用"的教学内容包含着教师的价值引领。思政课教学内容首先是正确的价值导向引领。教师具备马克思主义理论解释能力、学术影响能力和学科引领能力,才能更好地彰显思政课教师在"重要阵地""主渠道"和"核心课程"中所应承担的职责与使命。思政课教师必须有意识地规避教学话语"容易被认为内容缺乏新意"的尴尬、"容易呈现权势话语"的窘困和教师"简单给予结论重于阐释过程"的错位。

"适应需要"并让学生学习"有用"的教学内容需要教师掌握科学方法论。思政课教师应着力关注对学生获取信息、使用信息和解决问题能力的引导。"大国方略"系列课属于校本通识课,但课程内容同样充盈着"适应需要"的"顶天立地"的内容。如"大国方略"旨在引领学生站在世界看中国;"创新中国"覆盖理工医、经管、艺术等学科,还包括机器人、大数据、生命技术、先进材料、投资金融、知识产权、组织行为、制度设计等,它包含着科学家的科技探索之路、科学技术与伦理、科技竞争与科学家的家国情怀等。四门课程的最后一章内容必然是落地有用、接地气的,那便是让学生思考"我在哪里""我的机遇是什么"。

"适应需要"并让学生学习"有用"的教学内容的知识迁移影响着"抬头率"。思政课有国家规定的课时,如何用好课时,取决于学生在课堂上或课后内化的、熟练的、能够自由运用的知识和能力,取决于学生对课堂内容的知识迁移和价值目标的接受度。"创新中国"课后,学生表示:"从罗均老师讲解为什么要研发无人艇及分析它的战略重要性和经济合理性后,我明白了'创新中国'这门课开设的意义。它让我们这些理工男从国家和民族利益出发,去运用自己的一技之长创造自然允许下的社会性产物。"这表明,在"大国方略"系列课堂,多学科教师的身体力行和言传身教,成了最吸引学生的教学内容。这些内容契合学生价值观内化的需求,有助于其科学思维和爱国情感的养成,从根本上提升了学生对思想政治教育的接受度。

教学内容的有效组织，教学手段是否创新，直接影响着"抬头率"。"时代音画"课程以时代为主轴，通过音乐、美术、建筑等作品呈现，引导95后大学生读懂中国、感受时代、体悟家国情怀。在"西学东渐"过程中，中国音乐如何革故鼎新？中华民族危亡之时，艺术家如何唤醒中国魂？步入新时代，我们如何奏响"红旗颂"？"时代音画"课程每节课的主题看似讲授音乐等文艺作品，实则鲜明地紧扣时代进程中的中国奋进主题。"思政课要让学生入耳、入脑、入心，必须要有画面感，要眼前更亮，耳边更动听。"除此之外，思政课教学内容的有效组织，需要关注学生的生活经验，使学生参与到课程演绎中，通过自己建构教学内容，使自己感觉到有意义，才会有高"抬头率"。

三、激活的学生主体性与学习主动权是提升"抬头率"的"内动力"

如今的思政课堂，处于新媒体尤其是移动智能终端蓬勃发展的时代，学生们几乎人人都有智能手机、平板电脑等通信工具。面对课堂"低头族"，高校教师如何激发其听课兴趣，成为一大课题。

明确学生是学习性投入的主体，才有可能提升"抬头率"。学生的学是不能被教师的教所取代的。学生的成熟程度影响着教师对教学内容的选择和方法的应用。现代教育观的核心理念是把学生作为学习性投入的主体。95后大学生伴随着互联网成长，他们已有一定的知识、技能和态度，认为知识内容是他们最该习得的，欠缺对大学课程尤其是思政课学习目标的认知和认同。学习意义理念的植入，有助于激发学生自主学习与学的主动权，有助于专注听课，发掘探究的愿望与潜能，有助于提升课堂"抬头率"。

围绕学生"真正的学习"设计思政课课堂教学。"大国方略"系列课围绕学生"真正的学习"设计课程。系列课注重学生个体的体验与思考，激发学生拥有越来越多的自我发现和自我发展：一是充分考虑学生个性张扬和选择性强等特点，建立师生教与学的共同体。首次课上教师即创建课程学生微信群和校园网"乐乎论坛"课程互动"圈子"，方便师生互动和扩展学习。二是充分尊重学生自主学习与学的主动权，信任课程班学生的学习态度和行为，增进学生的社会责任感与使命感。如"大国方略"之"中国高铁路在何方"，尝试引入学生"小老师"角色，并作为信息时代"原住民"作交流与分享。"创新中国"课程则布置作业,要求学生人人填写"大学生创新项目"申请表。学生可以选择作业的提交或呈现方式,可以通过电子版的"圈子"提交,也可以提交打印纸质版本;可反馈学习感悟,也可向教师提出问题。种种参与使学生原有认知结构和思维方式发生变革与重组。"创业人生"则要求就"共享单车的今天和明天"进行课外寻访调研,拿出实践报告在课堂分享。"时代音画"则要求学生选取任意一场"上海之春"音乐会,在观摩体验中完成对文化自信的感知和体认。三是鼓励学生提问。系列课课后的网络随堂反馈是了解学生认知认同状况的最佳方式。学生被要求至少每次课后完成一篇随堂反馈文字。这些既可成为对学生学习习惯的督查,也是对学生期末成绩考量的重要依据,更重要的是潜移默化地融入了教学目标,体现出课程对学生的潜在影响力。学生通过看、听、赏、问、写、做,在无意识中悄然接受教师家国情怀的故事,吸纳教师们课堂分享时蕴含的社会主义核心价值观。

原文发表于《中国高等教育》2018 年第 2 期

实现课程价值　满足学生期待
——基于"经国济民"课程班学生反馈的研究

顾晓英

(上海市思政课名师工作室
——顾晓英工作室主持人)

教育是什么？教育是一种价值期待。教育活动则是教育者与教育对象之间双向互动的过程。教育自身具备着育人的基本属性。教育可以依托课程实现育人功能。教育应该是一个整体性系统。然而，一直以来，高校把思政教育与专业知识教育割裂开来，思政课往往处于育人"孤岛"，存在一些尴尬的现象：要么接地气不够，说不到学生心坎上；要么针对性不够，打鼓打不到点子上；要么穿透力不够，现实问题不敢碰，不敢或不能给予学生充分的讨论交流机会；要么感染力不够，形式单一，告知学生现成结论，较少要求学生知其所以然，我说你听；要么不熟悉中国过去与今天，不了解外国过去与今天，说服力不够，假大空。如何让思政课程入耳、入眼、入脑、入心和入行？2014年迄今，上海大学率先探索，为每位大学生提供可选择的丰富而又优秀的思政教育大课。学校强档推出精心设计的"大国方略"系列课程受到学生欢迎，取得强大的社会反响。"大国方略""创新中国""创业人生""时代音画"和"经国济民"，一门又一门课程分列在学校通识教育课程体系的各大模块。31个轮次，每个夜晚的精彩大课，犹如"课程超市"，给予学生充分的选择，更大意义上实现学生的个性发展，满足学生的个性需求和期待，更大程度上实现课程价值目标。

一、"经国济民"的课程设计与有效实施

"大国方略"系列课分别置放在上海大学通识教育课程体系的各大模块，这就使这些课程具有隐性思政意蕴。它们全部采用思政课教师和其他学科教师联袂教学的"项链模式"授课，通过故事蕴含道理、道理蕴含理论，让最后的结论成为自然而然呈现的东西，要求学生课内课外阅读思

考，给予学生充分的讨论交流机会。

"经国济民"课程设置于"经济发展与全球视野"模块。

(一)"经国济民"团队备课是用心的

教学团队精心设计课程专题，选派多学科教师，提前磨课备课，用尽所有积累准备课件。每一次的备课、上课，团队的每位教师各司其职，需要自己讲好课，还需要做到与其他嘉宾教师的"同课异构"，即通过同一个话题的多学科比较与对话，构建一种交流场域，促进多名教师之间的教学优化，从而使教学内容更能契合学情，激发学生深入思考。由于每个专题课的嘉宾不同，因而教学团队的每一次备课讲课都是"第一次"。系列课之所以受到学生认可，印证了成功的课堂教学是个性化的，可以借鉴却不可简单拷贝复制。

(二)"经国济民"课堂教法是灵动的

课程团队为课堂引入了源源活水，比如象形古文字、经典文章、中西哲学、最时鲜的新闻等。教师用心去滋养学生性灵，才能激发学生满满的获得感。

(三)"经国济民"教学内容是有故事的

故事是用来生成道理的。中国发展之谜等待着中国人来破解。如何在破解的过程中，提炼出中国经济话语体系，增加中国话语权，已经成为树立文化自信的关键。课堂里老师们讲述了中国古代优秀的经济智慧故事，给予学生心随其动的感觉，这既从一个视角给出了中国之谜的科学合理的说明，也给课堂带来了前所未有的文化魅力。

(四)"经国济民"课程是以学生为中心的

教学团队将价值塑造、知识传授与能力培养融为一体，促进学生主动学习，尤其注重激发学生学习兴趣，注重学生学习效果。为了解学生学习效果与学生想法，教学团队注重研究学生特点，根据学情设计课程专题，创新教学模式，依靠各种合理方法对学生学习效果进行检验，不断"折腾"学生。教师每次都布置学生写出课后反馈，诸如：表达参与课程后的感受，发现什么问题，经过自己思考解决了什么问题，和同学讨论后解决了什么问题，希望老师解答的问题等。

通过网络论坛、课程微信班级群、纸质反馈、课程报告、试卷等不同方式，教师掌握学生所思所想。从一千多份学生反馈，包括网络反馈、纸质反馈和试卷文字中，我们可以看出这门课实现了课程应有的价值目标，满足了学生的期待。

二、从学生反馈看课程价值的实现与学生期待的满足

（一）"每位老师都有他或她独一份的风格,使我们深深地沉浸入课堂"

德高为师。早在2014年,习近平总书记号召全国广大教师做"四有"好老师,即有理想信念、有道德情操、有扎实学识和有仁爱之心。教师人格力量往往能对受教育者产生心理和行为上的作用,他能让学生信服,产生自然影响力,让学生产生自觉自愿的认同。

课程班学生李仕豪表示:"这门课给我最大的感受是老师们的敬业精神,只有你们这样不懈的努力才能带来一堂堂精彩绝妙的课。可以说,从小到大,这是我看到的老师准备得最充分的一堂课。"学生王宇感叹:"课程给我最深的感觉就是老师们都非常自信,不管是在讲课还是在交流互动过程中都充分地体现出了老师们的自信。课很有趣,老师们的思维逻辑都很清晰。"蔡周梁则反馈:"晓英老师并不主讲,但像个贴心的'妈妈',一直以主持人的身份活跃在课堂,介绍新请来的嘉宾教师,安排同学们的座位,沟通慕课拍摄情况,她一直在台下勤勤恳恳,认真负责,令我敬佩。顾骏老师活跃'经国济民'的每一节课,用睿智幽默带来了最多笑声和新思路,非常喜欢他的讲课风格,他总是能用有趣的故事启迪我们的大脑,放飞思想,把枯燥的理论讲述得活灵活现。聂永有老师是经济学大家,解读问题有板有眼功力深厚,而且经常列数据摆事实讲道理,令人不得不信服。感谢所有嘉宾老师,带来绝佳课程。"胡琴同学说:"很喜欢顾骏老师每堂课的讲演,我觉得他是一个知识渊博的人,他的每次演讲都能让我听得很入迷,从他的话中我能懂得很多道理。"姚寅哲同学说:"这里有顾骏老师别具一格独挑大梁的Solo秀,有顾晓英老师'项链模式'授课的身影,有毛雁冰老师浑厚的声线与精妙的概括词,有胡笑寒老师严密详细的数据对比带来的细致分析,更有聂永有老师、尹应凯老师信手拈来的经济学知识……每位老师都有他或她独一份的风格,使我们深深地沉浸入课堂,并每周对它流连忘返。"

（二）"这些问题的答案就隐藏在我们悠久的历史画卷中"

文化乃民族之魂。在古代中国,其实早就蕴含着经济智慧。学生通过了解中国古代经济智慧,明白不同的国度自有其不同的思想源泉。正如西方经济思想根植于西方文化传统,中国经济智慧也必须根植于中国传统文化,这才更契合今天的中国社会。"经国济民"课注重汲取古代中国经济智慧。不同国家和民族的经济思想自有其不同的立场。不同国家和民族的经济思想是要解决各自不同的社会问题。"经国济民"旨在凝聚学生对新时代中国特色社会主义思想的共识,帮助学生建立起中国人的价值观。"经国济民"课程讲述了很多古今中外故事,但没有纠缠于具体的知识。每一门学科都博大精深,作为一门课,教师不可能有足够时间展开学科知识,而是努力精选内容,使学生在有限的教学时间里掌握最基本和最精髓的内容。学生在领悟了基本道理的基础上进行类比,并得出自己的结论,从而建立起自己的中国文化自信。

课程班学生杨雨琪在课程反馈中表示:"这些问题的答案就隐藏在我们悠久的历史画卷中。""中国经济的智慧在于充分调动个人积极性,就犹如古代'耕者有其田',千年前的'井田制',通过制定这样的政策来提高人民的积极性,以及自负盈亏的胆量和魄力。这样的精神一直贯穿在我们的历史中。"学生掌握的中国传统经济观点里有这样一句话:"民不加赋而国用饶。"这体现了中国财政管理的理想目标,"轻徭薄赋"是一种国与民关系的理想追求。"我们应该从中国的传统文化中获取经济学的养分,这是一些专业课上所没有的。"

(三)"我对中国的道路产生了认同感"

1945年,美国哈佛大学委员会发表了《哈佛通识教育红皮书》。委员会明确指出:"我们的目的是培养最大量的未来公民理解自己的责任和利益,因为他们是美国人,是自由的人。"今天,中国社会凝聚自己的社会共识最根本的手段是教育。全国高校思想政治工作会议指出,学生思想政治工作的切入点,是"四个正确认识",即教育引导学生正确认识世界和中国发展大势、中国特色和国际比较、时代责任和历史使命以及远大抱负和脚踏实地。通过教育,引导学生正确认识世界和中国,懂得世界是什么,中国是什么;引导学生正确认识中国特色和国际比较,懂得社会是什么,自己是谁;引导学生逐步领悟个人与国家的关联等,明确自身使命与职责。通过课程专题,帮助大学生把握辩证的理论思维和科学的价值导向,有效地提高大学生的思想水平,提升大学生的道德品质和文化素养,引导大学生正确认识世界和中国发展大势,引导学生学会如何思考问题,如何与他人沟通交流,如何准确理解他人观点而又准确得体地表达自己的观点,等等。

"经国济民"课程班学生成蕾说道:"顾骏老师讲的故事用小问题阐释大道理。"学生梁云峰表示:"我感受到课程中的思政因素。它不像普通的思政课,单是讲一些概念。它将政府的运作展现在我们眼前,使我对于中国政府的效率产生钦佩。原来,中国政府的高效率从古代就有了。'三驾马车''铁三角'和'铁公基'等体现了中国从改革开放到现在的40年在经济领域里不断努力的智慧。经济被带动上去就使得人民群众富裕起来,改善了人民群众的生活,也就是加强了政府的领导地位。我更加为我所在的国家有这样强大的政府,为领导政府的中国共产党而感到自豪。"

"经国济民"在讲述中国"经济之谜"时,注重通过人类社会不同文明和价值观的比较,帮助学生更深刻地思考、理解、体悟中华文明的价值,明白中国道路选择的意义,从而树立起中国文化的自信。"经国济民"帮助学生辨别各种价值观并形成判断。李仕豪感慨:"每节课都听老师讲中国的故事,这使我对中国的道路产生了认同感。我认识到中国政府是一个高效、科学的政府,它的确能代表人民的利益,时刻思考着如何让人们的生活更加美好富足。我相信这种道路的认同会使我的人生更加顺畅。"因为"经国济民",学生"看到了许多教授解读的中国,从而更加热爱自己的祖国"!

王艳表示:"作为当代大学生,读懂中国,读懂中国经济,理性看待中国发展的现状与问题本就是我们的职责。现在的我,已经跳出对中国固有的经济思想,更不拘泥于书本上的西方经济学体系,学着用新的经济思维感受和认知当下中国国情、当今时代。在未来,我将进一步去理解和思考中国效率问题,探寻中国之谜的解答,并作为当代青年的一员,努力提高文化自信,进而养成关于中国学科话语的意识。"

(四)"这门课让我学会变换角度,多思维多方面地思考一个问题"

"经国济民"作为通识课程,尽力开拓学生视野,锤炼学生思维,在多学科交叉理解基础上,提升学生的学习能力、思考能力和表达交流能力,提升学生人文素养,避免专业教育带来的狭隘性。

成蕾表示:"顾骏老师讲的故事让我认识到'经国济民'作为通识课的意义,它培养我们不一样的思考问题的思维。"杨雨琪反馈:"今天,我深刻体会了通识课的教育意义。这门课教会了我一种思维方法,帮助我以后在处理一些局面时学会从不同的角度去看待问题。"梁云峰认为:"'经国济民'是我这学期选的最有大学风范的课程。我感受到了大学里百家争鸣的气息。"刘子儒感慨:"真正的通识课就应该像'经国济民'一样有多学科的交融碰撞。政治、社会、历史、经济,它们在各自的学科体系里都能做到自圆其说,而当它们在一起碰撞出火星的时候就会发现有很多有疑问的地方,甚至可能相互矛盾。这门课的最大益处是让我们学会多角度思考问题。"学生郑惠表示:"这门课给我最重要的启发就是让我意识到自己思维中的'断片',并教会我如何连续性地思考——而这一点将使我受用终身;除此之外,我学会了以一种多学科、多角度的方法来分析问题。"学生梅蒙则感慨:"课程一次次刷新了我的认知,让我明白自己之前的理解还是偏于狭隘的,更在听课过程中不断地吸收老师所讲内容,完善自己的认知结构。因为'经国济民',我对我国经济现象的理解更加深入,对一些政策的执行不再像过去理解得那样盲目。"

"经济学和社会学擦出的火花如此绚烂,我们的课程感受都很棒,在知识的海洋里畅游体验很足。中国之谜谁来解?这是课堂上的大题目,也是留给每个学生去思考、去摸索的。求学路上不应当慌张,就算这一路再艰难也要坚持,因为我们看见前方是有多么可贵。"上海电影学院陈妍感叹,"这门课让我学会变换角度,多思维多方面地思考一个问题。老师们从历史渊源、文化程度和中外结合等来阐述我国经济谜团。他们将经济谜团拆分开来各个击破,同时各部分内容又相互依赖相互联系,是一个密不可分的整体。"

(五)"课堂内容质量高,教学模式惹人爱"

大学生思想政治教育需要遵循思想政治工作规律、教书育人规律和学生成长规律。"经国济民"课堂活跃着至少两名、经常多名不同学科的教师同台,150名不同专业的学生齐聚一堂。这样的班级授课制有利于教育教学效率的提高,也有利于让学生体会到朋辈教育的裨益,学生可以相互借鉴,共同提高,共同成长。然而教学内容的统一性很难适应不同专业、不同年级的学生,如何为学生提供适合的教育,尤其值得教学团队思量。为此,教学团队尽可能多地了解课程班学生情况及其个体发展需求,开发的课程和教育活动尽可能符合集体学生和总体年龄特征。教学团队还尽可能考虑到人类知识体系和学科体系的自身逻辑,紧扣教学目标,设计教学专题,编写教学课件,实施课堂教学各环节,包括课程导入、课程展开、课堂互动、课后安排、课程考核等。

正如盛童童所说:"'经国济民'每堂课的题目都会让我好奇又兴奋:'中国之谜谁来解?''中国政府的效率何来?''中国道理有哪些独特之处?''三驾马车跑得有多快?'……带着问号听讲,给我不一样的感受。不夸张地说,老师们的风采各异让这门课成了我每个星期的最大期待。这门课是迄今为止我在大学期间参与度和接受度最高的课程。"

学生梅蒙反映:"'经国济民'不仅课堂内容质量高,教学模式惹人爱,更重要的,是它传递出的一种人文情怀。我从这门课中,窥见老师们所传达出的共同的热爱。是经济学教授那种孜孜不倦,是社会学教授那种浪漫优雅。知道了上大的许多研究成果以及背后的艰辛,我深深地为自己作为一个上大学子而感到幸福。"老师"在讲课中不仅有专业知识、犀利尖锐的诉说,还传达出浓浓的人文情怀,正是这些才历久弥新。多年以后我再次回想起这一段时光,定然是饱满的岁月。"上海电影学院陈妍认为,"丰富的人文思想和社会内涵在这门课中都有深刻体现,我一直记得顾骏老师在'经国济民'Logo 播出时兴奋激动的模样。他谈到 Logo 的设计灵感,谈到玉乃君子,教会我们做人的道理。"

2018 年 4 月于上海大学

下篇

课程教学与反馈

2017—2018 学年秋季学期

一、"中国之谜"谁来解?

时间:2017 年 9 月 14 日晚 6 点
地点:上海大学宝山校区 J102
教师:顾　骏(上海大学社会学院教授)
　　　聂永有(上海大学经济学院教授)
　　　顾晓英(上海高校思政课名师工作室——顾晓英工作室主持人)

教　师　说

课程导入:

西方看我们是谜,我们看自己也是谜。现在的西方经济学的理论已经无法解读中国经济发展中出现的新情况、新问题。

构建中国的经济学"话语体系",可以从中国的历史传承和文化视角解读"中国之谜"。

"井"字为什么这样写?

井田制是中国古代社会的土地国有制度,出现于商朝,到西周时已发展很成熟。西周时期,道路和渠道纵横交错,把土地分隔成方块,形状像"井"字,因此称作"井田"。

井田属周王所有,分配给庶民使用,周边为私田,中间为公田。通过国家安排,允许个人种植"私田",并取得贡赋之外的剩余,这是当时世界范围内最合理的制度。相比之下,其他国家不是尚在部落公有制状态,就是在奴隶制状态,而中国已经萌发了"耕者有其田"的思想。

效率乃经济学思考的核心。中国效率是世界奇迹。中国效率何来?中国走了一条独辟蹊径的道路。中国拒绝"休克疗法",坚持渐进式改革模式;拒绝全面私有化,坚持国有经济的主导地位;拒绝"守夜人"定位,坚持政府主导经济发展;拒绝西式选举民主,坚持探索社会主义协商民主。中国的效率无法用西方已有理论来解释,解释中国还需要中国智慧和中国话语。

"经国济民"探求中国效率的中国道理。经国是指用经济的手段,争取国家强大,济民是指通过国家政策,实现国民富庶。两者的内在联系是:经国为济民,济民以经国。

"经国济民"的经济学解释,着眼于以"分配"为关键词的中国经济思维,个人天然具有追求"好日子"的动力,创造制度条件,让个人努力得到充分发挥,借助个人努力增强国家的综合实力,以国家力量放大个人努力的财富效应。中国效率即以最快速度实现国家强大和国民富庶的双重目标。

学 生 说[①]

14123225

作为一名大四学生,我上完了"大国方略"所有系列。我已经连续三个学期听顾骏老师讲课了,每次都能给我带来不一样的心得。"经国济民"第一课讲的是中国快速发展为旁人所不解的秘密。这样的课堂能激发同学们的满腔热血。

15120282

上学期"时代音画"的颜值和内涵已经完全打动我,我已被系列课程牢牢"圈粉",很幸运这学期我又能抢到"经国济民"首次开课的听课机会。20世纪70年代,中国正处于改革开放新时期,国家和社会急需经济人才,而我的老师们就是这一批胸怀"经国济民"情怀的优秀代表。他们的努力为最终形成"中国模式"的经济发展道路和加速社会主义现代化发展铺路搭桥,我的心中不由得燃起敬佩之情。

15120495

我怀着一些疑惑走进教室,希望得到解答。聂院长、两位顾老师所属

---

① "学生说"源自2017—2018学年秋季学期"经国济民"第一季课程班的学生反馈:其一为随堂纸质反馈;其二为课程报告;其三为试卷;其四为微信课程班群;其五为乐乎论坛课程圈子 http://group.lehu.shu.edu.cn/BizClub.aspx? id=305222。以下同。

领域不同,见解不同,给我们带来的讲解也都令人耳目一新,让我从不同层面理解"中国之谜"。

15120620

作为经济学院学子,平时的课程上我更多的是学习许多与经济、金融相关的理论知识和分析方法,而在"经国济民"课堂上我收获的是经济思维上的开拓,站在更宏观的角度去思考当代中国乃至世界的经济问题。顾骏老师由一个"井"字开启我们对经济学本身的思考,不禁感叹中国汉字实乃博大精深,简简单单的四笔中蕴含的是中国土地制度的思想与资源有效配置的理念。聂永有老师以世界普遍关注的中国经济何以能够高速发展的"效率之谜"为切入口,对当代中国经济发展的重大策略在学理层面上作出解读,用数据向我们直观地显示了中日、中巴印的GDP变化比较,即使中国目前新的经济增长的动力在减弱,但这不妨碍我们对其抱有的乐观态度,并引入中国经济学的视野和话语。西方经济学家口中的"中国之谜"见证了中国从一个落后的农业国家发展为"世界工厂",并向"中国智造"和"中国创造"迈进。我们作为当代大学生,更应该理性读懂中国,读懂中国经济,并逐渐养成关于中国学科话语的意识,期待在老师的带领下能够收获经济思维上的提升。

15120661

我已第三回参加"大国方略"系列课程。大咖教授、双顾老师、J楼教室以及有活力有想法的同学们共同构建了一个个十分有意义的课堂。中国的经济一直都是一个谜。老师以井田制开场,揭示了中国的经济问题要用中国的方法去解释,而不是照搬西方的那一套。我们学习的专业课大部分是西方经济学,而我们中国有几千年的经济思维,从大商范蠡到如今的马云,中国智慧的结晶一点不落后于西方理论,我们应该从中国的传统文化中获取经济学的养分,这是一些专业课上所没有的。

15120666

顾骏老师由一个"井"字引发我们产生一系列的思考。我不禁感叹汉字博大精深,仅一"井"字便能引发对中国割地制度与资源有效配置的思考。中国效率是以最快速度实现国家强大和国民富庶的双重目标,我们更是肩负责任的一代。

15121099

中国走的是一条具有中国特色的道路。中国之谜当由我们自己来解

释。中国的文化独特,在独特的文化氛围下形成的经济形态,也是独特的。经济状态,是最为直观的现象,同时也是解释中国之谜的一个突破口。经济,涉及国家和民众之间的关系。经国济民,既是发展目标,也是发展路径,济民以经国,经国为济民,这是崇高的境界。人民有生产积极性,国家才有发展动力。

15121423

选了"大国方略"系列课的"创新中国""创业人生""时代音画",每一门课程每一讲都让我有不同的思考。从不同的专业视角,我慢慢开始关注学习除了专业之外的知识,自己的眼界变得宽广。在聂教授数据分析中,我第一次站在经济学视角看中国几十年来经济的快速增长。我们还要从多角度辩证地看待经济增长率。

15121579

顾骏老师关于"井"字的剖析让我印象极为深刻,几乎每个人都会写的字细细分析下来,其中竟大有可解释之处,将土地分为九块,既为民生存之根本,又符公平之法。我不禁对中国汉字的造字之法拍手称妙。

15122539

顾晓英老师说的"西方看我们是谜",她以世界普遍关注的中国经济何以能够高速发展的"效率之谜"为切入口,开启学生思考之旅。我一直觉得西方世界是谜一样的存在,而觉得自己的祖国很朴实无华。这句话打开了我对于探索中国之谜新世界的大门,激发我后面认真学习这一系列课程的热情。中国经济转型既没有采取"休克疗法",没有推行全面私有化,没有弱化政府的职能,也没有简单采取西式的选举政治,所以无法在西方的理论框架内解释中国发展的效率,解释中国还需要中国智慧和中国话语!老师的这一解释让我不知名的自豪感奔涌而来。

15122978

老师课上提到了"井"字。"井"的古汉字是"丼",中间一点代表着井水,是公田,而周围的则是私田,每块私田与中间井水的距离大致相等。我认为,这一个"井"字就体现了中国人讲究公平、合作、共赢的商业模式。从古代的"丝绸之路"到现在的"一带一路",中国人把这种合作共赢的理念传承至今,并使自己的经济快速增长,令世界震惊。

16120289

这门课程讲解与国家命运联系在一起的经济世界,站在一定高度,剖析经济问题,探讨国家民生,综合性很强,代入感一级棒。

16120536

"'中国之谜'谁来解?"这个题目别出心裁,一语双关,一下子就吸引了我的注意力。中国之谜,其一,指国际社会对"中国奇迹"感到疑惑不解,现有的理论没有一个能够完整地解释中国崛起奇迹般的速度,经济学家们也难以解释中国到底是怎么以一种如此和平的方式实现了经济的飞跃;其二,也是中国人自己的疑惑,中国发展到了今天似乎已经进入了瓶颈期,前有拉美"中等收入"之鉴,同时诸国环伺,虎视眈眈。到底应该如何顺利地跨越这个难关,几乎是所有中国人的困惑。

而对于这个困惑,"经国济民"课程的各位老师给出了一个"情理之中,意料之外"的角度——以史为镜,古为今用。顾骏老师在课上所举的"井田制"的例子妙不可言,话里话外包含着未尽之语,让我禁不住在课后不断品味个中滋味,印象最深的是"经济,就是要在大安排下,调动人的生产积极性,提高效率,富国强民"。大安排,也就是大环境,中国经济发展到了如今的体量,巨大的惯性使得改革难以如疾风骤雨般进行——我也在很多地方了解过很多人对于中国经济的看法,大多数人都能够或多或少地指出一些问题,但是解决问题的方法实用性不强,很大一部分原因就是因为他们忽略了这个问题。

16120604

首先,"经国济民"沿用"大国方略"系列课的"项链模式",跨学科的老师多角度多方位分析问题,也许这些老师的观点不同,但是带给学生的感受无疑是震撼的;其次,作为一门跟经济学相关的课程,"经国济民"显得更加偏专业一些,课上所讲全部都离不开经济。首堂课主持是我们都很熟悉的顾晓英老师,主讲嘉宾是聂永有老师和顾骏老师。两位老师的配合相当默契,话筒在他们手上的转交显得很自然,社会学和经济学在一起擦出的火花如此绚烂。中国之谜谁来解? 这个问题更需要留给我们自己。

16120626

作为一名大二的管理学院学生,我在大一上过宏微观经济学,学习了理论知识,但是一直对于它在社会中的实际应用还是有点不明白,而选择这门课程,就是为了解答这一疑惑。顾老师举了"井"字的例子,让我看到古时中国人的智慧,也让课本知识活灵活现。

16122062

以"井"字的历史背景开篇,简短的四笔竟然诠释了中国的土地分割,把耕地划分为多块一定面积的方田,周围有经界,中间有水沟,阡陌纵横,像一个"井"字。这让我不禁感叹中国汉字文化的博大精深,同时也把我们带入了课堂的氛围中,引发我们思考。

16123029

第一堂课我印象最深的就是顾骏老师妙趣横生的讲解。顾老师很清楚学生的兴趣点,非常善于活跃课堂气氛,总能让现场笑声不绝。第一次接触系列课程,发现身边竟然有如此多优秀的同学们,能在课堂上想得远、问得深,提出许多有价值的问题,让我也产生浓厚的兴趣,急切地想听到老师们的讲解。几位老师尽力回答每一个问题,为现场的同学提供新视角和新思路。

16123198

我很喜欢这么活力四射的课堂。顾骏老师由一个"井"字开启我们对经济学本身的思考,简简单单的四笔中蕴含着中国割地制度的思想与资源有效配置的理念。

17120552

第一课,名师们就中国近几十年来的经济发展形势与美国、印度、巴基斯坦等多国经济发展形势进行比较,为我们缓缓揭开那为旁人所不解的中国经济快速发展的神秘面纱。面纱仅揭露一角,却叫人欲罢不能,想更深入窥探更多的中国秘密。在我以前的认知中,经济不过是满足自我物质需求的定义,今天我逐渐明白那种想法太过狭隘和"小我"。所谓经济,或经国济民,更有"治国平天下"的意思,其在中国古代文化和古代文学中都是一个非常巨大的概念,充满了丰富的人文思想和社会内涵。第一课,就为我打开了经济世界的新大门,可以说是受益匪浅!个人非常喜欢聂老师和两位顾老师幽默风趣的授课风格,情商高的老师最能带动课堂。"牛皮鞋折痕""三小时的盼头"等笑点,中国房价的疯狂上涨、印度科技的发展等热点交错穿插,让整节课松弛有度。

17121915

听课,感觉像在看 3D 电影一样。一堂课有两个平行的学科视角,让我看问题更加立体。聂教授从各个国家 GDP 的分析,说到国家经济历史发展的各个节点及当时的政策,我觉得仿佛给了我一只"经济的眼睛";顾教授则从社会学及政治大背景来解读,好像一只"文化的眼睛"……在一堂课上,这样的体验,也让我进一步体会到自己原先思维的不足,怎样让自己看待问题更具思想性、人文性、辩证性,似乎要学习的还有很多。

17124457

老师用独特的视角、真切的个人经历、有趣的互动,阐释何为"经国济民"。我看到了不同于印象中那枯燥的经济学课程。我在了解中国经济背景的同时,开始思考中国的过去、现在与未来。

17170032

这是我第一次来到"大国方略"系列课程的课堂。这堂课给我的第一感觉就是震撼,上课内容的震撼,教师阵容的震撼,同学们学习热情的震撼。

17160075

作为一名刚入学的华裔留学生,中文能力有限,课堂内容对我有点深度,日后会努力听讲。回国读书也是想要更了解自己的根,了解中国的经济社会体系。

Xcloud

老师每讲一个理论都会用事实数据证明,甚至用自己的亲身经历证明,感觉听一节课,之前对经济的了解整个都颠覆了!老师谈"中国之谜",从事例引出,更用一个"井"字清楚地讲解了古代的井田制。中国发展之快的谜还未揭晓,老师如此有魅力的问题却烙印在我的心里。

拯救小猪

一进校就能上到这么好的课,我非常幸运。同学们不仅坐满了整间教室,连台阶上都坐满了学生,更是有一部分同学席地而坐,直观地反映出了这堂课的"一座难求"。一个老师接着一个老师授课,分工有序的教学模式非常有趣,教学过程也松弛有度,一点也不枯燥难懂。老师们不仅以专业的角度向我们展示一些数据与分析,更是在向我们展示一种态度。一个国家的经济与人民息息相关,作为一名青年人,我们所看到的、所关注的,不能仅仅是眼前的生活,我们要把目光放得更远更广。

二、中国政府的效率何来？

时间：2017 年 9 月 21 日晚 6 点
地点：上海大学宝山校区 J102
教师：顾　骏（上海大学社会学院教授）
　　　詹宇波（上海大学经济学院副教授）
　　　陆甦颖（上海大学经济学院副教授）

教　师　说

课程导入：

　　战国时期，长平之战，秦国率军在赵国的长平一带同赵国军队发生战争。赵军最终战败，秦国获胜进占长平，此战共斩首坑杀赵军约 45 万人。此战是秦、赵两国之间的战略决战。秦国人口 300 万人，出动 60 万人的军队，离都城 500 公里，前后 3 年，全歼之。依靠政府，整个秦国被有效地组织起来。

　　中国政府的效率何来？从理论经济学到现实国家管理，从抽象政府到现实政府，我们应该在最宽广的视野中看中国政府。理解西方，必须理解宗教；理解中国，必须理解政府。中国特色的核心就是政府的独特地位和作用。"巨大化"是中国政府的本质特征。生物体的体量是生物体资源利用效率的函数。中国如何破解"效率悖论"，长期维持并一再重建巨大政府？中国政府巨大化的功能性要求，人口规模从来就是国家效率的外部特征；中国效率的生物学证明，中国以自己存世最久的巨型经济体的规模,证明中华文明是一种有效率的文明;没有有效的社会组织和技术能力,就没有大规模的水稻种植。政府效率是中国效率的核心。国与民的关系乃中国效率的文化密码,经国济民的经济理想是"民不加赋而国用饶";经国济民的基本策略为"各尽所能,各得其所";经国济民的体制安排是采取"耕者有其田"与科举制;经国济民的运行机制是实施"以工代赈"。

学 生 说

14123414

"经国济民"营造出经济文化氛围,潜移默化地感染同学们,培养我们经济思维,拓展出一种或者多种看问题的眼光或思想。这是通识教育最大的魅力。

15120254

这次课顾骏老师用共享单车在中国和日本不同境遇的对比指出中国政府的高效率。随后陆老师、詹老师分别从历史与经济两个方面解释了政府和市场的关系,使我们明白了政府在经济中所扮演的角色。在提问环节中,有一个问题使我印象深刻,我们如何来解决被大数据干预的问题?因为大数据的推送,我们的思想会被限制在一个很小的范围内,眼界受到了极大的限制。顾骏老师给出的解决方法就是跳出这个被限定的圈子,不要被其左右。老师讲到中国的文化基因决定了我们的现状,中国在过去五千年的发展中,形成中国独有的文化体系,决定了中国在政治、经济诸多方面的与众不同,我们的文化与西方是不相同的,所以照搬西方的模式不会比用我们独有的中国模式发展得更好。

15120301

中国政府的高效和强大从现代国家的飞速发展与大国担当可见一斑,我对我的祖国很有信心。

15120495

顾老师向我们揭示的并不是政府的运行机制或市场干预,而是市场效率背后的文化基因和文化逻辑。中国效率之谜重在解谜,解谜的思路正是顺着逻辑寻找文化基因。

16120536

我一直有疑惑:中国政府到底在中国经济运行和发展的过程中扮演了一个什么样的角色?中国政府又为什么能够扮演这样的角色?顾骏老师说,中国特色的核心就是政府的独特地位和作用。这句话让我觉得似乎窥到了管中一斑,中国政府不同于世界上其他任何一个政府。中国政府更像是一个受过高等教育的母亲,在确保中国经济这个孩子能够健康成长的前提下,不断地给予其正确的引导,但又不会过分干预他的自主性,并且和孩子一起学习,共同成长。而事实也证明了中国的"教育方式"是正确的,中国经济才能从一个呱呱坠地的婴孩长成一个身强力壮的青年人。为什么中国政府能够扮演这样的角色呢?很重要的一个原因是因为她够强大、够成熟。中华文明的千年传承使得我们的政府几乎见惯了各种风浪,能够适应各种环境,应对各种挑战;此外,中国政府打破了"效率悖论",确保政府能够随着经济体量的不断增加而成长。还有一个原因是中国政府所处的历史节点给予她这样的机遇。这堂课我学到:站在世界看中国,能观其大,站在历史看中国,能明何以成其大。

15120620

令我影响最深的,是顾骏老师那句话:"理解西方,必须理解宗教;理解中国,必须理解政府。"在西方经济学理论体系中,政府一直被排除在市场之外,这与我们中国的实际情况大相径庭。我们国家经历过中央集权的决策体制,经历过由"井田制"到"家庭联产承包责任制"的历史变迁。中国政府时时刻刻都在沿着中国特色社会主义建设道路,寻找最适合国情的治理方式。在提到巨大政府的"效率——成本"模式时,顾老师讲到中国有一个优秀的传统特点就是包容善学,善于利用多元文化促进自身发展。诚然,实现中国效率的道路上非常重要的一环就是找到我们的文化根基,传承运用其中的智慧。在我们的经济发展之路上也确实可以找到诸多传统文化、思想、智慧的踪影,比如老子的以柔克刚、孙子兵法中的精髓、儒家文化……未来,我们只有找到我们的文化根基,构建中国的话语体系,走出属于我们自己的发展之路,这也恰恰呼应了第一节课上聂永有教授提出的未来发展的方向是把握中国的经济学话语体系。

15120734

中国是一个发展中国家,这样一艘超级巨轮,要快速稳定健康地前进,其复杂程度可想而知。中央的每一个决定,每一句话,甚至每一个标点,都要经过慎之又慎的考虑。詹宇波老师在课堂上讲的修公园例子足以说明问题。作为一个参加过政府机关挂职锻炼的学生,我信我的亲身体会,而不是道听途说。

15122479

中国经济高速增长的背后究竟有着怎样的秘密呢?中国的经济增长

之谜也许真的当由我们来解释,中国这片土地上有着太多的秘密和奇迹了。"经国济民"是一堂拥有大眼界大气派的经济启蒙课。

15123011

顾骏老师从中华文化深入骨髓的影响说明了一脉相承的中国政府高效率。地理空间、农业内外部压力、组织体的自我强化等,今天的课程内容引人深思。西方国家的政治经济体制对其他国家来说不一定是对的好的,我国走什么样的路要依据自身情况来决定。不同的发展阶段,体制也要进行相应的调整。

16120289

詹老师和陆老师分别从经济与历史两个层面对中国政府的效率进行分析。顾老师提出:中国政府的效率从中国文化中来。动物的基因,能够解释动物的一切生理、心理行为;而一个国家,尤其是作为坐拥五千年历史文明的中国,也有自己的文化基因。在中国,"集中力量办大事"成为可能。通过这节课,我对中国政府的办事模式有了更多不同角度的认识,受益匪浅。

16120605

这次课程让我看到了不同学科的相互作用。同样的一个问题竟可以从经济、文化、历史三个不同的角度进行分析。

16120893

无奈坐在最后一排的地毯上,仰着头上完了三节真正的通识课,为什么说是"真正的通识课"?因为大学里很多的"通识"课,仅仅与"专业"相对,简单来说就是阉割版,甚至是娱乐版;而这里的通识是真正的,经济、历史、思政这些社科的大综合,无论你对哪方面感兴趣,这短短的两个小时也会让你受益匪浅;而当历史、经济、政治产生绚丽的化学反应的时候,你就会明白为什么只有它才能被称为"真正的通识课"了!

16121456

整堂课都是理论与实例的结合,分析与讨论,细致与易懂程度让我这个机自的"门外生"都能全然了解。

16122062

顾老师巧妙地用共享单车来作为引子展开这个话题。经过顾老师的分析讲解我才知道原来这与国家的政策、规章制度也是有很大关系的。我深刻地感受到了一个人阅历带来的气场与气质。这节课带领我们从不同方面、多角度了解中国的效率,让我对自己的祖国更加有信心,感到骄傲与自豪!

16122741

中国政府的效率何来？这是历史的选择，是政治文化的传承……中国巨大的人口资源，地理空间的多样化及其有利条件，为我们铺下基石。中国有多样化的经济发展形式，传统发展模式也在与时俱进，使整个系统处于优化状态。

16122908

顾骏老师讲课实为惊艳。他讲课生动有趣、接地气，广泛引申，不乏深刻内涵（如以牛皮鞋为例引出资本主义注重财富的生产，而社会主义注重财富的分配）。他的《传统商人的智慧解构》，我会找机会拜读。老师花20多天写好一本书，每日1万字、20页，不写完不睡觉，每天凌晨四点多才睡，白天仍正常作息。这不禁再次警示了我——可怕的是，比你优秀的人远比你还要努力；越努力越幸运；当你在一方面做到极致的时候，所有资源都会向你倾斜。

16123198

再次进入这个令人脑洞大开的课堂。今天依旧有着巨大的信息量，广泛的领域，令人羡慕的师资力量，活跃的课堂气氛。虽然是晚上三节课，我从来都不会感到疲惫，总是有种激情无限的感觉。这堂课从小黄车入手，联系经济学、历史学，让我们对中国政府的效率有了很好的理解。中国是一个大国，顾骏老师告诉我们："国家规模反映了国家资源的利用效率，有效率的国家才能成为大国并持续存在。"中国几千年的发展未曾中断，有着自己的文化基因，成就了巨大的效率。中国政府在西方眼里是一个奇迹。陆老师给我们举了美国金融危机的例子，胡佛曾进行一系列的措施，但是没有成效，而这些措施在罗斯福这里就收获了巨大的成效。这是历史的选择。相信中国，相信中国政府。

17120346

第二堂课，老师们为我们解释了中国政府缘何能有这样的高效率。"理解中国，必须理解政府。"这句话是这周课上令我印象最深刻的。詹老师引用了一些他亲身体会的中外效率对比：加拿大的一个二线城市建一个不大的广场，用了三个月没建好，反观中国南昌拆一座大桥，多架机器同时施工，一晚上就全部拆除。从社会和历史层面来看，中国政府的效率与其独特的地位和作用密不可分。

17121973

今天老师讲解了中国作为一个人口如此众多的大国是如何能够保持

高水平的效率,并在发展历程中始终保持着。中国的效率大致可从历史学和经济学的角度来分析。首先中国自古以来便有着高效率的习惯,再加上中央集权制,更使得高效率成为常态。中国有着地缘辽阔的优势,调动资源的能力强,在一定程度上也有助于高效解决问题。而当代中国政府便是继承了古时的文化基因和文化逻辑,使得中国在面对如此多变的国际环境仍能保持高效的决策力。

17122540

老师用生活中的事例开头,有一种理学证明题的味道。顾老师不是经济学家,却将命题分析得头头是道,让人敬佩。就连理科生的我也产生了兴趣,从实在的经济成长,联想到文化因素,可谓是思想的极大跳跃。

17123925

经济学分为宏观经济和微观经济,宏观讲究总体,微观关注个人。中国自古以来就有着庞大的政府,这是源于农业生产的需要,灌溉农业所需的庞大水利工程只能由国家来集体实现。当然政府的中央调控并不是刚性的,法律政策也是有弹性的。从古代的分析来看,中国政府的"中央集权"是自古以来的文化基因,深入骨髓的。这也是为什么中国政府的效率如此之高。但是上好课后,我同样产生了几个疑问:其一,中央管理效率虽高,万一出现了决策性的失误,我们国家应该何去何从?其二,未来市场经济所占比重会越来越大,中国政府管理市场还能管多久?还应该管多久?其三,庞大的政府对应有许多部门,一级一级的模式,一个报告需要有多次的批阅,这其实是一件效率比较低的事情,但是为什么中国政府依然比较高效?

17123988

第二课,老师们主要解释了中国政府的效率很高。从小黄车、长平之战、井田制等,我领会到了政府的力量,对于政府的效率产生由衷钦佩。

17124067

这是我最喜欢的一堂通识课。这门课带给我的体验让我觉得对得起这个选择。顶尖的教师在给很多像我一样的无经济学基础的学生上通识课。中国之谜谁来解?这已经不单单是一个经济学问题,同时还是一个社会学问题、哲学问题、历史学问题。谁来解?当然是我们用文化密码,在老一辈的引导下,走出新的中国之路。

17124457

原本在生活中也没有感觉,我们有秩序的生活原来得益于中国政府强大的效率。顾老师用载重车形象作比，说明让一个拥有14亿人口的大国向前发展是多么不可思议，世界上其他国家都无法比拟。中国政府厉害，因为它懂得"让子弹飞一会儿"，使共享单车在我们国家遍地开花，方便生活拉动经济，还厉害在取长补短的超前意识，哪个国家政府体制效率高就学哪个，不断完善自身。它一脉相承了中华民族强大的文化基因。我为有一个如此高效的政府而自豪！

Wtoxic

这堂课从共享单车的发展入手，日本推行的艰难和国内共享经济热度的强烈反差确实引人思考。顾老师的一个解释我比较认同，即政府短暂的"放任"，政策上的宽容才得以让共享单车逐渐兴起，也就是我们政府采取了"政策导向而非法律导向的规范逻辑"。当法律绝对高于政府决策时，灵活性就大大削减了；反之，政策导向可以放松法律时，效率也由此而来。但是，对于最后老师提出的"文化基因"的观点，我认为这个概念有点大，我认为政府的内部制度、组织形式应该更能直接影响政府效率，而无关于是否为所谓的"巨大政府"。

三、如何把握中国道理？

时间：2017年9月28日晚6点
地点：上海大学宝山校区 J102
教师：顾　骏（上海大学社会学院教授）
　　　顾晓英（上海高校思政课名师工作室——顾晓英工作室主持人）

教 师 说

课程导入：

小孩在海边把搁浅的小鱼扔回海里，老人看见了，说："搁浅的小鱼那么多，你扔回去几条，谁在乎？"小孩子不回答，继续把鱼一条条地扔进大海，每扔一条，说一句："它在乎！"

请问，小孩和老人谁对谁错？判断小孩和老人的对错，依据是什么？

无论是普通人的数字思维，还是公共管理者一视同仁的思维，或是中国传统的天道思维……世界上的事情是一样的，但看待事情的视野和思维是不一样的，由此得出的结论是不一样的。一个受过教育的人，只会使用一种视野和思维来看问题，是不够的，必须掌握多种视野和思维，并灵活运用之。"经国济民"课程的目的就是让大家能够用不同于单纯经济学的视野和思维，来看待中国经济发展。

看待中国经济发展，难的不是看到成就还是看到问题、看到结果还是看到过程，难的是看到问题之后再问一个"为什么"。我们应该从中国经济发展的事实出发，寻找背后的中国经济智慧。

"经国济民"既是经济发展的目标,也是国家治理的目标。经济学终极思考两个问题:其一,让个人发挥最大的积极性,但不能让过度竞争导致国家解体;其二,让国家足够富强,但不能让国家富强建立在剥夺个人基础上。"井田制"开启了中国农民努力生产的永恒动力,"耕者有其田"给了中国农民自负盈亏的胆量和魄力,意味着国家需要的满足采取了符合农民需要的方式,国与民之间存在某种良性关系。

学 生 说

14123225

这堂课深度和跨度相当大,简直就是思维大课堂!我印象最深的就是提问环节关于火车撞人拉不拉闸的问题。显然,这个问题引起了同学们的积极思考与响应。我知道生命不能用价值衡量,也不能做加减乘除,每个人的生命都是无价的,不要说去牺牲哪些人或者部分人的生命,这可能在道理上可以说通,但在伦理上这个问题没有答案。确实,很多问题都是没有答案的,我们不能像行尸走肉一样一味地去跟着标准答案走,每个人的答案经过每个人的思考以后都不一样。今天的课我知道更多的是为以后的真正讲一些经济学问题做铺垫,"工欲善其事,必先利其器",我们要先知道经济学的历史背景才能在后面更好地学习经济学的相关内容,不然的话一步登天是不可能的。不管做什么事,只有先打下扎实的基础,才能在未来真正地去学习、去使用它,空中楼阁是架不住的。中国现在经济学的问题很多也很复杂,只有我们抱着一颗求知的心,才能更好地了解中国经济的发展,为国家献出一份力。

15120286

凡事要从多角度看问题,往往一件事情很难用好与坏去评判。应该结合一件事情对于不同受众、不同层次多方面的影响进行评析,才能对其有一个大概的认识。就像之后提问铁轨轧人的案例一样,你在基于不同的处世原则的时候,或者说你的出发点利益不同的时候,你做出的决策也会相应地变化。经济学本来就是一门开放性的学问,在经济学的范围中存在着许多争议问题。在看待中国经济的发展,也即是说好中国发展的道理问题上,我们一定要清楚,对于中国经济政策的评价一定要站在中国现在的国情,了解现在中国在国际经济事务中所扮演的角色。

15120432

通识课是要让我们学会从不同的角度去看问题,比如:数字、人文情怀、一视同仁、生态平衡、天道等。而"经国济民"课要我们从中国经济发展的事实出发,寻找背后的中国经济智慧。中国经济与中国文化是密不可分的,富强作为核心价值观的第一点,足以体现国家不富何以强大。中国的传统经济思维早就体现了经济学终极思考的两个问题,即国家与个人之间的联系。民族认同感、商业敏感性、文化规则感决定了中国经济的崛起。在今天的课堂上,我深刻体会了通识课的教育意义,希望在以后的课堂上或以后遇到问题时都能从不同的角度去看待问题。

15120537

当我们就某个领域进行深入学习的同时,其实思维也正不断被戴上枷锁。现在想来,"经国济民"对我最深刻的意义是向我们传输了其他学科领域对经济的独到见解,为我们开拓思路、挣脱枷锁,或许这也就是不断有高年级,甚至高学问的"大拿们"来听课的理由了。中国经济发展一直是中外学者乐于去探索的一个课题,而中国的效率之谜又何解?改革开放以来中国的发展进程令人震撼也让我们骄傲,越来越多的经济学家投入研究,甚至有人推测,若是哪一天有人能真正解开中国的种种谜团,可能下一步就能将诺贝尔奖捧回家了,由此可见中国经济当前在全球的地位。目前我国在经济的发展上还有很多难关需要攻克,比如令许多发展中国家所忌讳的"中等收入陷阱"。但结合已落入陷阱的国家的教训来看,我国在发展模式上独具特色,正是这种特别之处,为中国获得进一步发展和飞跃带来极大可能性。在众多学科中,经济学更贴近现实,对其他学科领域涉及也非常广,想要学好经济学,一定也不能忽视其他领域的视角,只有这样才能尽力减少其实际运用时的偏差。

15120620

"经国济民"课堂带给我的最大收益是思维开拓。正如顾骏老师所讲的——我们只有掌握了解决问题的工具才能真正理性、有效地看待中国经济。而这里所谓的工具绝不单单是经济学的一些专业知识或者模型,更重要的是结合中国传统智慧,运用其中的思想精髓打开我们的思路来看待当今问题。其一,不同的解答中蕴藏着不同的思维。岸边的小孩救不了所有的小鱼,诚然他无法做到一视同仁,此中包含的是公共管理的思想;如果小鱼都被救了,那以鱼为生的动物也就再也无法存活,这无疑会打破生态平衡。再从另一个角度去看,海里鱼那么多,一部分被冲到岸上也是一种必然,这何尝不是天道思维呢?生活中这些例子比比皆是,如果我们从不同的角度去分析更会得到不同的结果。每一个解答都没有优劣对错之分,能够打开思维从多角度思考才是最重要的。看待中国经济的相关问题犹是如此,停留在出现问题的思维水平上,不可能解决出现的问题。正因为它是复杂的、多变的、更是具有中国特色的,这才需要我们传承文化基因,借鉴思想工具,掌握多种视野和思维并灵活地运用。其二,认同感在中国经济中扮演重要角色。民族认同感、文化认同感是促进中国经济发展的传统文化因素,这是我们可以把握的一个有利条件。但在如今全球化的大背景下,我认为一些文化认同问题也在日益凸显,比如中国目前的文化认同呈现出多元化、杂糅化、断裂化的复杂面貌,具有民族性和世界性的现代中国文化认同尚未建立起来等。其实,对于文化、民族的认同感不仅应表现在爱国情怀和弘扬传统文化精神上,更重要的是落到实处,运用到我们的发展中。除了老师所提到的如"井田制"思想,中国的许多思想智慧如老子的以柔克刚、孙子兵法、儒家思想等都是值得弘扬与延续的,也是能在如今的经济发展中找到踪迹的。我想,真正用好这些思想定能让中国经济焕发勃勃生机。其三,从伦理角度解读生命价值。课堂上讨论到人的生命是否能以其社会价值去衡量时,顾老师用乔布斯的例子给我们做了最好的解答,阐发了我的思考。当患有胰腺癌的乔布斯需要进行手术移植时,他也需要和众人一样排队等候,即使他为社会创造过无限价值,他也不能在生命面前享受特权。因为生命不能用价值衡量,每个人的生命都是无价的,在伦理上此类问题只能说是无解。与此同时,我们看待生命更注重的是公平,这种公平只有遵从众人认可的规则才可能实现。实现伦理公平的过程实则也推动着社会公平稳定的构建。其四,正确把握"中国经济与西方理论"的关系。作为经济学院的一名学子,在传统的课堂上,我更多的是以理论、模型去解释经济学问题,在许多框架与假设之下讨论西方经济学定律的有效性。而实际上,问题是层出不穷的,时代不同,国情不同,所以我们需要的是更开阔的思维,以及对于本国的认识与解读。特别是面对中国经济,比书本理论更重要的是经济思维,是用中国文化促进中国发展。从"井田制""耕者有其田"到"家庭联产承包责任制",我们早就运用中国智慧找到了经济发展的原动力,最大限度地调动了生产积极性;"民不加赋而国用饶"——用最低成本的资源动员准则更是揭示了发展中国经济的基本策略。这些无一不是我们传统智慧中的定海神针,又何须一味局限于西方理论体系呢?国家与国民之间的关系一直是经济学终极思考的问题,平衡国与民的关系就决定了经济学不能完全脱离社会的基础和国家历史文化。运用中国智慧解决中国问题,促进持久发展,是恒久不变的主题。

15120672

顾骏老师上课不仅仅是在传授我们知识,更是在教会我们做人严谨,回答问题严谨以及做人的道理。

15120683

进入主题前的互动问题我觉得挺有意思。海浪退潮在沙滩上留下了许许多多小鱼,小孩不辞辛苦地把它们一条一条丢回大海,老人却不屑小孩的做法,认为是无用功。老师问大家的观点,认为哪一方的做法正确。同学们各抒己见,一开始我也和大部分人一样倾向于小孩的做法,认为出于情感,出于善良,能救一命就应该尽力去挽回。但在大家的讨论之后,我的想法也被不一样的思路所改变,认为顺应天道,适者生存才是最合适的自然规律。是非无绝对,观点取决于评判者的角度和立场。这个问题的答案在经济发展中也同样适用。出于理性人的思考,我们应该更多地考虑顺应市场,不应逆价值而行,应让各种资源恰到好处地发挥其规律价值。但我们面对经济时,难免会处于感性的立场,更多地思考经济发展对社会健康平稳前进的影响,世界上没有任何一个国家会为了利益最大化而泯灭人的主观能动性。因此,看待发展也应该持有更开放和长远的眼光。另外,课上还提到"富"不全取决于金钱和财富,而应该成为一个国家繁荣的状态。国家富强不应该以牺牲个人为手段,个人的利益是国家富强的基础。这也很好地契合了我国传统经济思维的聚焦点在国与民的关系上。民富方能国强,虽说我们有"先天下之忧而忧,后天下之乐而乐"的情怀,但是经济发展必然是聚沙成塔。国家是凝聚人民力量的载体,中国经济发展的道理就在于每个独立个体智慧的汇聚,每个人的发展也就成就了国家的发展。就如一千个人眼中有一千个哈姆雷特,中国经济发展的道理在不同人的思考里也各有其道。就像"经国济民"的课堂,带给我的不只是经济学背后的秘密,更是广阔的视野和更灵活的思维。

15121262

学会多角度看待问题:老人与小孩事例的探讨,我明白了看事情不能运用绝对的是非观。从不同的角度分析与看待问题便会得出不同的结论。就像国家制定政策的时候,针对不同的社会群体会有不同的考量,每一项政策的实施,都是在权衡各方利弊的前提下完成的。学会多视角看待问题能养成理性思考的习惯。

15121579

　　课上老师用当鱼搁浅在海岸上老人和小孩对待鱼的不同态度来引发同学们的思考,讨论的过程中,有人认为老人对,也有人认为小孩对,甚至最后还由这个问题引出了医生救不同人应该如何去救这一道德伦理的问题,听着很多同学的不同解释我热血沸腾,也从中悟出了一些道理,当看待问题的角度不同时,我们得出的结论也不同,即使得出的结论相同,由于出发点不一致,最后给出的解释也会不相同,把这个道理运用到如何看待中国经济超出预料的飞速发展也一样,经济学家、社会学家、历史学家给出的解释一定是有所出入的,所以在看待中国经济这一问题上,一定要多角度全方位分析。中国土地制度在几千年的时间中一直在不断演变着。顾老师还抛出了三个问题,我想就其中一个来解释,即如果中国传统经济思维那么有效,为什么中国近代史上还会沦落到"落后就要挨打"的地步? 众所周知,中国近代史是一部屈辱的血泪史,我认为中国的传统经济思维是有效的,而落后就要挨打中的"落后"一词指的也并非是中国的经济实力,经过康乾盛世之后,当时的中国经济实力还是挺强的。只是由于当时当权者的不作为导致大部分官员贪污腐败,贪图安逸,对于中国的传统经济思维没有好好加以运用,又因一直以大国自诩,骄傲自满,没有以大局观去看待世界经济发展、努力提高国防实力,加之鸦片使国民意志消沉,多方因素影响所以最终沦落到挨打的局面,这与中国传统经济思维的有效性并无冲突之处。

15122227

　　周四夜晚,顾骏老师的课堂,熟悉的面孔,新奇的观点和有趣的故事让我听得十分入迷。我认为单纯根据个人片面的想法判断老人和小孩的对错是有局限性的,站在不同角度看问题我们往往能够得出完全不同的答案。顾老师想传授给我们的,是尝试站在不同的视野,用批判性的、辩证性的思维来考虑问题,给我的印象颇深。课上老师还对我们前面两次课的内容作了一次梳理,总结原先授课老师所发表的观点,将充满经济学思维的理论模式和事件观点整理好呈现在同学们面前。与此同时,顾老师还从社会学的角度为我们重新解读了前两次课的内容,从原先的窥斑见豹到现在的多角度思考,跳出单一学科的局限性和思维方式去重新审视问题。在我看来,顾老师是在透过社会学的思维来分析和探讨前两节课我们所讨论的内容并且在此基础上进行延伸与拓展。"中国经济的未解之谜"和"中国政府的效率从何而来"两个题目看似属于经济学领域的

三、如何把握中国道理？

问题,可以通过经济学思维进行深入专业的剖析。但在跳出经济学思维的圈子后,以社会学角度对这两个问题所表现出的国家制度、社会运行方式、政府与经济、政府与人民之间的关系进行解读,不可否认,我们可以得到一个更加全面、更加系统的答案。

15122359

顾骏老师用一个小孩与老人的故事巧妙地告诉了我们其实站在不同的角度分析同一个问题,会得到不同的答案。而有些时候,这些答案是没有对错的,各有各的道理,因此每个人做出的选择也会不同。顾骏老师一开始说通识课只是尝个鲜,想要深入了解要在专业课上。精彩的互动环节是系列课的特色。真切感受到同学们的听课热情,同时问题提的质量高,老师解答让我们心服口服。我很有幸选了这门课程。我上学期选了"时代音画",这次又成为"经国济民"课程的第一批参与者。老师们耐心认真的讲解分析,让同学们真正地享受课堂,融入课堂。这样的课堂很成功。

15122978

老人与小孩对救鱼的争论,一个简短的故事材料背后蕴藏着各种观点想法。而超越事件本身,老师真正想告诉我们的是要会站在不同的角度去看问题,不仅仅是辩证地去看待问题,而且是运用多元思维去思考同一件事情。从多种角度、用不同的根据来看待一件事情,是对我们自身思维的拓展。这门课就是希望我们学会用不同于单纯经济学的视野和思维的方法来看待中国经济发展。中国经济能达到今天这样的成就的背后蕴藏着中国古代智慧和利于经济发展的文化因素。老师以王安石"民不加赋而国用饶"的理想引出了国家经济发展中一个非常重要的因素——国与民的关系。民富则民安,国家的根基才能稳固长远。真正的智慧是在保证国家赋税的基础上,尽可能调动农民耕作的积极性。而中国古代"井田制"的产生,将土地与人紧紧捆绑在一起,形成"地+人=财富"的经济思想,并且在此基础上又发展出"公平竞争、合作共赢"的经济合作模式,使得中国农民有着企业家的基因。"井田制"开始了中国农民努力生产的永恒动力,给了中国农民自负盈亏的胆量和魄力。虽然时代不断更迭,但不变的是"地+人=财富"的经济模式,这让中国人坚信"自力更生"的道理。正是中国人相信生产,相信内在的精神,才是中国仅靠着自己的力量能赶超其他国家,成为世界强国的原因。

15127004

看问题我们不能只看一面,不能单单从一方面就直接评判某件事的对错；在作出评判之前，一定要有足够的证据来支撑；有付出才会有回报，足够的利益回报也需要足够多的付出，不劳而获的事是不存在的。

16120016

首先，顾骏老师通过小孩救鱼的故事作为引子，引出辩证看待事物的观点。一个简单的故事通过不同的角度去解读，可以得出其中有普通人的数字逻辑、哲学家或文学家的人文关怀、公共管理者一视同仁的思维和生态平衡思维等。因此，我们也要辩证地看待"中国经济发展的道理到底在哪里？"在经济学理论里，还是在中国传统经济思维里，答案没有标准。其次，我们分析了中国经济之所以如此让人称羡在于其中利于经济发展的文化因素：中国人的民族认同感、商业敏感性和文化规则感。在中国人的经济生活中，勤俭持家，追求财富增加，从来不成为"发生学"问题，因为这个问题在"井田制"中已经得到解决。后来，国家在解决经济问题时，只要确保农民在自己的土地上，通过劳动获得收益，经济繁荣是自然而然的事情。但我想说的是，究其根本，在于中国人在考虑事情面前都会先问一个"为什么"，通过自我肯定与否定来判断措施的价值意义。中国为什么会实行"耕者有其田"？如果中国传统经济思维有效，那么为什么历史上还会出现治乱交替、改朝换代？为什么近代史上还会沦落到"落后就要挨打"的地步？传统经济智慧能确保中国经济可持续发展吗？因此真正解决中国的经济问题要从整体的角度出发，国与民的关系是核心，"民不加赋而国用饶"是经济发展的目标。"井田制"是实现过程，通过留住人口，农民和战士，保留富足的劳动力，通过画地为牢的方式实现从个人出发至国家整体的集体繁荣。公平分配是经济发展的重要保障，只有有效的公平才能提高个人的积极创造性，以竞争的形式增加个人以及国家集体的财富值。经济学终极思考的两个问题是：其一，让个人发挥最大的积极性，但不能让过度竞争导致国家解体。其二，让国家足够富强，但不以牺牲个人为手段，因为个人失去动力，国家富强就没有基础。愚以为，这就又回到了第一课的政府与市场的关系。通过国家这只无形的手的宏观调控来保障市场经济的稳中求进，实现可持续发展。

16120536

第一，重新认识经济学。作为一名经济学院出身的学生，我在上这门课之前就已经学习了一些基础的相关知识，例如"西方经济学"，但是学完之后我的感觉并不太好……经济学更像是古巴比伦的空中花园，看似枝繁叶茂,实则不切实际,我甚至已经做好了把它当作一门纯理论的学科来学习的准备,直到我上了"经国济民"。第一堂课就让我深刻认识到:经济学本来就是一门来自现实的社会科学,经过系统的理论升华之后,它应该回归现实,并且作用于现实。我很认同老师们所说的:"经济"二字,"经"为强国,"济"为富民的观点,我们研究经济的目的也在于此。所以仅从书本上学习单一变量的影响是不够的,现实社会是很复杂的,充满着各种不确定的因素,要学好经济,要有大量的综合知识和长远的考虑,还要站在一个更高的层次来看待问题。第二,学会多问一句"为什么"。老师们在每堂课开始的时候,都会讲一个小故事,或者是举一个例子,情节大都很简单,但是在听完之后,老师们会带领我们去探索"为什么会发生这种事呢?"回答问题时也会提醒我们"为什么你是这样看的?"很多不起眼的小事日积月累起来,就足以改变一个人的思维方式。最开始的时候我看书,根本不挑,有什么看什么,也不会去探究"他说的是真的吗?""他这样说对吗?"后来开始学着有选择地看书,闲书只看有趣的,学术著作只看经典的,看完之后偶尔会产生一些联想,但是并不系统,一闪即逝;现在我开始有自己的主见了,开始批判、评价、求真,探寻事物发展的过程远比了解结果更有意义。第三,学会换双鞋子穿。"同一条路,不同的人会走出不同的足迹,因为每个人的鞋子,脚的大小,甚至步履的轻重都不一样。"每个人都有自己的立场和思维方式,同一个问题,也就因此催生出五花八门的观点和看法。在他人看来或许荒谬,但是换种角度、换个出发点就会发现自有其中的道理。原来我只有一双鞋,碰到晴天尚且凑合,若是雨季则只能一筹莫展。顾老师在第三节课上讲的"小孩、老人和鱼"告诉我:只有学会"换鞋穿",天热了穿凉鞋,天冷了穿皮鞋,一条路走不通就换一条,这样才能走得远,而且路会越走越宽。

16120604

顾骏老师希望我们以后再听其他老师讲座的时候心中知道如何去把握。这种敬业精神,恰如老师课上所讲的"人文关怀",让我们这些学生心头一暖。顾老师举例说明看待事情、分析问题要从不同的角度出发,他举的小孩扔鱼的例子让我记忆深刻。这个例子还说明了公共管理者一视同仁的思维,这引发了我的疑问,以至于答疑时间我向顾老师询问了一个困扰我许久的问题:火车车道上一边是5个人、一边是1个人,扳道工应该往哪边去扳呢?顾老师给的解答比较开放,他先是让不同的同学去回答这个问题,然后再还给我一个案例。我觉得很妙。这堂课,我对于"经国济民"课的定位有了更加准确的把握。中国经济为何如此发展，其中的道理也会在课堂上作出一些阐述，而我们学习的意义也就是在飞速发展的社会里不断去进步。这是意义匪浅的一节课，也让我感受到何为人文关怀与文化信仰，开心之至！

16120683

今天的主线为：一个故事、一个历史、一个现实。我的感受：多角度看问题、社会主义与资本主义之异同、规则解决伦理。孩子与鱼的故事告诉我们：生活中遇到的实际问题，解决起来办法往往不止一个。从不同的角度出发，可以发现多个不同的切入点、突破口，正像我们说的条条大路通罗马一样，它绝不是一个简单的代数问题，即只有唯一一个标准答案。通常情况下，在解决问题时，只要出现了一个以为是正确答案的答案，人们便会停滞不前，也不管这个答案是否最科学、最完美，往往就否定再没有别的答案了。这样一来，人们的思想就会被禁锢起来，新的发明创造便很难诞生。"事物的正确答案不止一个"，又告诉我们：不满足一个答案，就不会放弃探求，就会有新的发现、有新的创造。所以，我国的发展也是一样，提倡大众创业、万众创新，这样的发展才会有持续的生命。

16120893

顾老师用一个有趣的故事帮助我们理解一个简单问题的多角度、复杂性。真正的通识课就应该像"经国济民"一样有多学科的交融碰撞。政治、社会、历史、经济，他们在各自的学科体系里都能做到自圆其说，而当他们在一起碰撞出火星的时候就会发现有很多有疑问的地方，甚至可能相互矛盾。因为无论哪个学科都是从现实现象而来，每个学科都是自成体系为了解释各自领域的现实问题，而最终现实与理论并不完全一致，正是因为现实的角度远远多于单个学科的角度，这些有意无意的"忽略"也就带来上面提到的矛盾。这堂课的最大益处是让我们通过学会多角度思考问题，了解到通识教育的优点及其难处，也让我们明白了理论与实际间存在的或大或小的差距，教会我们如何从通识教育中吸取我们想要的那部分知识，而同时又能有一个整体的大局观。这堂课是余下课程的先决条件，期待仅剩的六次课程都能让我如获至宝！

16121003

一个小孩在海边看到许多小鱼被冲上岸，就一条一条地捧回海里，一个老人路过就说，那么多鱼，何必做这些无用功呢？……以上的问题看似和课堂主题无关,但是内含对错解析,中国经济高速发展这么多年,是因为策略很好,不存在问题吗?不是的,当然存在问题,但是我们存在的问题并不能阻挡经济前进的脚步,从中国经济发展的实情出发,切合实际。中国经济的智慧在于国富家富。成功者是不受批评的。

16121453

  这是我最喜欢的一堂课。顾老师用小孩扔鱼的故事,引发我们深思,从多个角度来评价老人和小孩的做法是否有对错之分。其实他们的做法都没有错,只是思考的角度与方法不同而已。世界上的事情大多相同,只是看待事情的思维与视野不同,得出的结论不同罢了。经济从来不能脱离国家的管理,同时经济也需要个人发挥作用。让个人发挥最大的积极性,但是不能过度竞争,否则可能会导致国家解体,所以在竞争的同时需要注意分寸。同时,让国家富强,但不能以牺牲个人为手段,如果个人失去了动力,那么这个国家就会没有基础。再一个就是有利于经济发展的文化因素,其中讲到俄罗斯人对中国改革的两点羡慕让我印象深刻,第一个就是海外中国人为什么愿意回国投资?因为中国人强烈的民族认同感,还有其商业敏感性以及文化规则感。第二个就是中国为什么会有那么多的农民企业家?因为中国农民的企业家基因,还有井田制开启了中国农民努力生产的永恒动力。确实,没有资金很难改革成功,没有动力也很难进步,这是我们改革成功的一个很重要的因素。同学们和老师补充的问题也非常有意思。在这种伦理问题上,反映出了生命的价值是无法掂量的,在生命面前人人平等。不可能说,在生死面前,还要计算一下每个人的社会价值,这是说不通的,没有道理的。生命的价值无法描述。

16122062

  作为一个理科生,在这门课上从这些更加新颖的角度去看待问题,让我感到经济并不是那么抽象神秘的一门学科,而是贴近生活,存在于身边的各个角落。"为什么中国经济存在问题,还能发展得那么快?"国与民的关系揭开了中国之谜的谜底。中国经济在充满问题的情况下依然增长迅速,顾老师又以俄罗斯和中国作对比,俄罗斯人是先解决大问题,再去解决小问题;而中国人则是先把简单的问题解决了,再去解决困难的问题,所以选择了正确的手段,渐渐领先。也可见中国人一直以来的长远的经济头脑。这节课我学会了站在不同的视角,去思考问题。这也是我学到的知识以外的能力。

16122908
　　顾骏老师首先指出本堂课旨在帮助我们梳理、整合前两节课的内容，告诉我们学习这节课的方法论。这种变换思维的提出，也令我思考开阔眼界的重要性。作为一名大学生，不能把眼界封锁在自己的专业内，学习过程与其说是研究不如说是探索，关键不在于知识的多少而在于思考的深度和广度。我们应当有意识地开拓多种视野和思维，并在看待事物时灵活应用。正如晓英老师所说的，通识教育给了我们一个这样的机会，它给予我们不同学科的思维方式，而不是冰冷的概念和重点。相应的，我们要学习经济学，需要先学习经济学的思维方式——经国济民，经济为核心。因此，我们也要用不同于单纯经济学的视野和思维来看待中国经济发展。"经国济民"不仅仅是关乎经济，更是在引导我们站在一个更宏观的层面去思考。

16122998
　　课程伊始，顾老师讲了一个例子，即小孩和老人对搁浅在沙滩上的小鱼的不同态度。这个故事告诉我们，看问题不能过于片面和简单，要用联系、发展、全面的观点去看问题，既不唯物也不唯心，要从不同的角度去看问题。逝者如斯夫，消逝的是事物，不是我们的思想，我们的思想是可以一直存在的。这节课主要是从文化的角度解释经济发展。从这个角度分析经济发展更加充满历史色彩，通过文化的变迁，我们解读出历史，分析出了经济的发展历程。能否合理地解决财富分配、国与民的关系问题自始至终是经济长久稳定发展的保证，是中国千年来王朝兴衰变迁的原因之一，也是古今无数仁人志士的志向所在。顾骏老师还提到了改革开放后，从中国大地上涌现出的农民企业家和乡镇企业。最后，顾老师又回到了"井田制"，讲起了我们领先世界的处理民富与国富关系的制度创新。希望中国经济持续不衰，民富则国强。

16123029
　　"经国济民"老师们不仅做到了"传道授业解惑"，更是花心思给同学们以"新思路"，帮助我们突破思维的枷锁，用更开明更广阔的视野看世间百态。顾老师通过老人与小孩的故事来引导我们不要单纯地用"对"与"错"作判断，事情往往包含多个方面，唯有看到全貌，我们才能作出最正确的选择。不能拘束于某一个角度，唯有从高处才能看得全貌。正是因为没有绝对的对错之分，我们才需要制定规则，并不断地完善规则。我国自古以来与小农经济相互依存，为国之根基，"耕者有其田"与国家掌握小农经济相辅相成,也是社会稳定必不可少的重要因素。

17120341

今晚,顾骏老师从小孩与老人对于海滩上因为退潮搁浅的鱼的态度,说明了许多事情从多个方面来看都有不同的观点,就这个小故事来看就有公共管理者的思维、生态平衡的思维、天道思维等。由此引出的许多的中国之谜都印证了从社会学、法学、经济学看这些问题都不同,无所谓对错。国民与国家之间的关系也正是经济学终极思考的问题,从某种角度来说就是如何最好地平衡效率与公平两者的关系,又或者说是国与民的关系。同时,中国人的民族认同感、商业敏感性和文化规则感都是有利于中国经济发展的文化因素。井田制和"耕者有其田"都使中国的小农经济有了动力,给中国农民自负盈亏的胆量和魄力。在这堂课中,我最大的收获就是看待经济学问题一定要从整体出发,将国家作为一个整体看待,而非片面地思考问题,由此,更要将国与民的关系处理好,才能使国家经济更上一层楼。除此以外,我们还应该学会分析国内外的不同情况以及中国的历史及现状,将中国经济放在一个阶段当中审视,作为一个过程对待。

17120346

今天,我深刻体会了通识课的教育意义。这门课教会了我一种思维方法,帮助我以后在处理一些局面时学会从不同的角度去看待问题。老师举的那个例子,老人与孩子究竟谁对谁错?对错的衡量标准又是什么?这些判断标准可以是人文情怀抑或一视同仁甚至天道无情。而这种思考方法也是上课时需要我们采用的,从中国经济出发去寻找背后的中国智慧。中国经济高速发展这么多年不存在问题吗?不,当然存在问题,而这些问题的答案就隐藏在我们悠久的历史画卷中。经济在中国文化中的地位毋庸置疑,发展经济属于国家管理的一部分,当然也是个人生活的一部分。中国经济的智慧在于充分调动个人积极性,就犹如古代"耕者有其田",千年前的"井田制",通过制定这样的政策来提高人民的积极性以及自负盈亏的胆量和魄力。这样的精神一直贯穿在我们的历史中。中国传统经济观点里有这样一句话:"民不加赋而国用饶",这体现了中国财政管理的理想目标,"轻徭薄赋"是一种国与民关系的理想追求。国家希望个人发挥最大的积极性,但又不能过度竞争,国与民相互依存。除此之外,民族认同感、商业敏感性、文化规则感,这些刻在我们骨子里的文化基因,都促成了中国经济的飞速发展。通过这节课,我更加明确地意识到,"经

国济民"课引导我们站在一个更宏观的层面去思考中国经济与中国社会。

17120553

顾老师的课堂总是生动有趣。他在课堂开头就讲了一个有趣的故事：老人和小孩对待沙滩上的小鱼的不同看法。一个小小的故事就触发了众多的联想，从不同角度思考就会有不同的答案：一方面老人的思考是理性的，符合自然法则；另一方面小孩的观点又是感性的，充满着对世界的爱，具有深刻的人文关怀。从课堂总体来看，我总结出以下几点：一是学会一分为二，用辩证法的思维看待事物。二是看待中国发展问题要从总体出发。三是要加强经济的发展，发展才是硬道理。四是从小我中实现大我，中国人的智慧无穷无尽。五是经济发展推动国家发展，经济始终与政治挂钩，国富则国强。

17120565

这门课灌输给我们的并非经济学理论和知识点，而是在有一个整体认知的基础上，教给我们思维模式。

17121973

课堂开始，顾老师用了小孩捡小鱼的实例把我们引入主题，同时告诉我们只会使用一种视野和思维看待事物是不够的，听到这里我有些震惊，因为我发现我在高中的三年几乎就没这么看过问题，只是把老师说的知识全盘接受，很少会有批判性思维，因此在面对顾老师的一个个问题时我倒是有种被套住的感觉。顾老师把不同人对生命价值的理解引入中国关于天道的看法再转而进入中国道理。对于中国的发展，不同国家看法不一，或叫好，或悲观，但不管别人怎么说中国仍在以高速率前进，中国发展的事实已不可否认，中国只需按照自己的道理前进便行，因此我十分赞同顾老师引用的"成功者是不受批评的"这句话。中国的发展很大程度上源于我们自古以来的"管理基因"。"耕者有其田"，小农自给自足，中国人的管理意识一直贯穿着我们的历史。国家需要的满足采取了符合农民需要的方式，因此我们才有了生产积极性，才会有中国13亿人每人都想发财的看法。再加上中国不以侵略为生，中国是生产者，这也就是为什么中国不会重蹈葡萄牙、西班牙等国家的覆辙。中国道理可谓是世界上独一无二的一种思维方式，它难以言表却又深植于我们的脑海，是它把中国从"被开除球籍"的边缘拉了回来，并使中国不断壮大。把握中国道理就得从我们的历史文化入手，理解我们的思维路径，这是理解中国发展的必要途径。

17122540

不同角度看经济学,看似是经济学问题,却已深入到哲学层面。老人与小孩救不救搁浅小鱼的问题,我的想法只是单纯的不救最好,因为我是学理科的,知道生物生态系统有自我调节能力。可老师却以人性的角度将我彻彻底底地推翻:如果这是地震,多救一个是一个就很正确了。正如有一千个读者就有一千个哈姆雷特一样,国家的管理不可能照顾每一个角度,合理地看待才能不落入谬误的陷阱中。老师又自然过渡到个人与国家的关系,层层相扣,逻辑紧密。中国农民自古以来的文化习惯等因素,造就了中国人独有的经济意识。但同时提出国家与个人的平衡点。我隐约记得上经济学悖论课时,老师讲过经济学与道德的相违背点,但要想继续稳定,平衡是必然的趋向。然而让个人发挥积极性又不让过度竞争导致国家解体谈何容易,又要为国家打Call了。

17123677

如何把握中国道理?好一个高难度的问题。但是,顾老师开场却四两拨千斤,用了一个小故事来导入。故事由三个主人公构成:老人、小孩和鱼。这堂课注定要以不同于单纯经济学的理论,来看待中国经济的发展。故事提醒我们,传授知识不是课程的宗旨,拓宽眼界、转换思路才是我们进取的方向。之前两节课,顾老师早就抛出了这个问题:中国经济既然存在问题,如何还能发展得么快?基于上节课所说的文化因素,国与民的关系被摆在了台面上。借鉴于中国的传统经验,中国古代国家与小农之间的相互依存关系是非常耐人寻味的。国家和小农之中还有竞争,协调集体与个人也就成了第一要务。在个人发挥最大积极性的同时,不能因为过度竞争导致国家解体。理所当然的,追求效率的同时更要顾全个体的公平,不能让个体做出无谓的牺牲,否则国家的经济基础也会遭受叠加效应的打击。对于维持国家经济之稳定的上乘评价,便是"民不加赋而国用饶"。纵然中国的传统经济思维行之有效,但是仍需要与时俱进。在全球事务复杂化的时代背景下,我们绝不可原地踏步,反之,稳中求进才是上策,否则又会再次尝到小农经济在外界资本入侵的狂潮中被迫转身退出历史舞台的苦涩屈辱之感。一言以蔽之,我们对于中国经济政策的评价一定要根据中国现在的国情以及现在中国在国际经济事务中所扮演的角色来得出。脱离历史语境中的任何文本都是无意义的。

17124067

我印象最深的是经济在国民生活中的作用。我是理科生,喜欢用理科的思路来理解问题,即经济是让个人发挥积极性,但其限度是不让国家解体;国家要富强,需要个人的努力,但是过度压榨国民会使个人失去动力而导致国家没有发展的空间。这就很像化学中的平衡:为了改变平衡状态,均衡使用各类外部条件,使得在成本最低的情况下得到质量合格的产品。

四、"三驾马车"如何让中国经济高速发展？

时间：2017年10月12日晚6点
地点：上海大学宝山校区 J102
教师：顾　骏（上海大学社会学院教授）
　　　胡笑寒（上海大学悉尼工商学院副教授）
　　　毛雁冰（上海大学悉尼工商学院副教授）

教 师 说

课程导入：

长假去旅游了吗？体会如何？为什么拥堵如此，国家还坚持"黄金周"？为什么要拉动内需？发展经济为什么要靠内需？消费对于生产到底有什么意义？

中国效率的直观指标是 GDP 增速。GDP 代表得到实现的生产能力，没有产能，生产总值没有来源；有产能，得不到实现，就无法带来 GDP。产能来自投资，不会凭空产生。要提高 GDP 增速，就需要增加产能，就要加大投资力度。投资形成产能后产出的财富中，一部分被消费掉了，一部分留下来用作进一步投资。为了加快形成产能，必须压缩消费，减少资金"损耗"，以确保更多资金可以用于投资。"先生产，后消费"由此而来。但多投资，少消费，最后必定导致生产出来的东西消费不了，无法转化为资金，库存增加，生产减少，不可避免。已有的产能得不到实现，新的投资就没有必要。没有新的投资，产能无法增加，GDP 增速自然下来了。按照尽量减少财富消耗的思路,解决办法是,自己不消费,卖给别人,那就是外贸;外贸消耗了产品,产能得到实现,企业又可以重新生产;外贸用商品换来资金,投资可以重新启动,产能增加了,GDP增速也上去了。进口外国商品,意味着把本国的就业岗位出口给其他国家;就业岗位减少,必定造成国民收入下降;收入下降必定造成购买力下降,进口国开始买不起进口商品。

特朗普上台为什么要让"制造业回归"?为什么要"雇美国人,买美国货"?出口国通过顺差,积累了大量货币,用不了,就购买别国国债,赚取利息,等于借钱给进口国,为其继续进口商品提供资金;生产减少,负债增加,还要支付利息,进口国最后出现债务问题,引发金融危机,无法继续举债。金融危机后,奥巴马说过:"不能再借中国人的钱,以免子孙后代都得还中国人的债!"

进口能力下降,影响到出口国的出口增速下降,内需不振,外贸不振,产能无法充分实现,GDP增速下降了;在当期消费之外,开发远期消费内容,通过建设基础设施来实现产能,成为必然选择;理论上,基础设施能带来生产和生活的便利,通过收费等,可以带来现金回报,同样具有产能的属性,但通常回报周期较长。

自2008年世界金融危机以来,基础设施建设成为中国经济发展的主要动力,原因就在这里。随着基础设施逐渐完善,可以带来现金回报的基础设施项目越来越少,为了实现已有的钢铁、水泥等产能而投资基础设施,也遭遇天花板效应。

继续增加基础设施建设,现金回报率越来越低,通过投资增加产能,通过产能实现,带来利润,利用部分利润继续增加投资,形成更多产能的链条,崩断了,因为投在基础设施上的资金无法回收,资金只有消耗,没有增加,GDP有了,利润没有,投资难以为继。

多年来,中国主要通过刺激包括基础设施的需求,来减少过剩产能,但只要有需求,产能总会不断增加,最终带来更多的产能过剩。产能过剩,库存增加,老的企业难以为继,新的投资无法进行,因为库存过多必定扭曲市场价格,没有新的产能,也就没有GDP增加。十八大以来,通过减少产能,压缩供应,恢复有利润的生产,促使原有企业进入良性运作,新的投资促进产品升级,创新促进产业转型。这就是"供给侧改革"的内涵。

随着中国经济的进一步发展和国民收入的稳定提高,从消费物品到消费服务,成为不可抗拒的趋势,个人和家庭的消费观念、消费行为与经济发展的关系,会发生深刻改变,中国产业结构也会发生相应转变。

学 生 说

15120495

　　课程进入今天,"中国之谜"抽丝剥茧般地渐渐呈现。本周讨论三驾马车,分别是投资、消费和出口。现在的中国消费已经发生了改变。顾老师说到的十一长假,我认为意义有三:之一,拉动了旅游产业的发展。旅游产业要满足旅游者从居住地到旅游目的地的全部消费需要,涉及住、行、游、食、购、娱等多种需要,以及交通运输业、旅行社业、饭店业、饮食业、娱乐业、商业、景区业等行业。之二,缓解国内就业压力。之三,有利于调节货币供需平衡。一个国家经济能够正常有序发展,一定程度上依赖于国家有计划适时地投放货币和经济政策。节假日经济的发展刺激了对国内各种商品的大量需求,从而大量回笼货币,使资金周转加速,拉动下一轮的生产。我国之前是通过刺激包括基础设施的需求,来减少过剩产能,目前产能过剩,库存增加,企业无法继续进行投资活动,没有新的产能,因此没有GDP的增长点。近期"供应侧改革"启动,带动GDP新增长。基于中国国情与产业结构,"三驾马车"中,出口无疑是我国经济规模扩张和生产效率提升的重要源泉。改革开放的伟大战略,以及中国加入WTO,再到一带一路的提出,中国出口无疑受到世界的肯定。"三驾马车"还会并驾齐驱,带领中国GDP继续攀升,未来我认为新的经济增长点在新能源板块与互联网科技领域。某些产业经济的发展,也相应产生了大量的人力资源需求,如旅游业和餐饮业。

15120622

　　GDP增长在公式表达中很明显可以看出驱动增长的各个因素。但在实际情况中,经济的增长是非常复杂的过程,驱动经济增长也不是能简单达到的。通过这次课程,我更加感受到了经济研究中将理论和实际结合的重要性。在关注经济时学会思考背后的原因,在学习理论知识时学会联系实际,这也是对我专业课学习方面的启示。

15121579

　　上这堂课之前,我一直以为我们国家供需不匹配是因为需求不足。之后,我了解到供给侧改革原来是因为供给跟不上需求。在投资这驾马车中,令我印象深刻的两点是顾骏老师提到的地铁是最不赚钱的一项投资和旅游是最划算的一项投资。在"三驾马车"中外贸这匹马走得稍显缓慢,需要其他两匹马来拉动。

15122359

"三驾马车"相互之间的关系是相互制约的,不会是一家独大的,也不会齐头并进。近几年出口在大环境下受限,投资和消费起到了主要的带头作用。我国的消费水平也有了明显的提高,更愿意去消费了。而消费观念的变化也更为合理,不再仅仅追求奢侈,而是趋于理性化。三者相互的联系,共同影响着我国经济的发展。在顾骏老师讲解后,毛雁冰老师的分析简明扼要。他概括了三者各自突出的几点。他的磁性声音,给我留下很深刻的印象。

16120016

拉动中国经济发展的"三驾马车"你追我赶,并驾齐驱。任何一驾马车的超前或者落后都会通过其余两驾马车进行自我有效的调控,从而达到一致。但我想说,其实中国还有一驾马车在奔跑,那便是"一带一路"建设。它充分发挥国内各地区优势和向西开放的重要窗户作用,深化与中亚、南亚、西亚等国家交流合作,形成丝绸之路经济带上重要的交通枢纽、商贸物流和文化科教中心,打造丝绸之路经济带核心区,为投资、外贸和消费提供新的对象与途径。未来,拉动中国经济的马车会越来越多,也一定会越来越高效。

16121453

在之前,乃至现在,"三驾马车"并驾齐驱,拉动我国经济发展。但是,我认为在未来,马云所说的中国新科技"三驾马车":消费、服务业和高科技,会起到重要作用,会对原来的"三驾马车"有极大的补充和推进,为我国的经济注入新鲜血液,补充其活力。

16121456

这堂课顾骏教授的引入话题真的让我有些"惊奇",非常自愧地说,在这堂课之前,我从来没深想过像国庆长假,除了能给个人带来精神上的愉悦,对于中国经济的贡献和更加深层的优势,我从来没有想到过,也从来没有想要去细细琢磨过。由长假引出拉动内需,再引出为生产而消费的现状,再由此漂亮而又自然地引出"三驾马车",我非常喜欢这样的课堂强逻辑性。

16122062

这堂课我了解到中国经济的高速发展和这"三驾马车"有着密不可分的关系。这么多节课,我非常佩服顾骏老师,其授课方式,无论遇到什么问题都应对自如,给人一种无所不能的感觉,实可谓"入乎其中,出乎其外,乐在其中"。

16122994

国家如同一辆马车,给马车提供动力的三匹马是税收、国债和发行货币。我比较感兴趣的是老师讲到的进出口问题。进口外国的东西,其实就意味着本国就业岗位的对外输出,从而导致本国生产力下降,国内购买力也随之下降,最后导致本国人民买不起进口商品。经济学的经济关系循环很有意思。

17120354

顾骏老师以实现产能为核心谈"三驾马车"的关系:投资是为了发展产能;外贸是为了将产品转化为资金用于投资,继而实现生产的发展;当外贸无法完全将产品转化为资金时,就依靠消费拉动内需。顾老师抓住了实现产能这个关键点,将"三驾马车"联系在一起,让我明白"三驾马车"之间的动态关系。

17122295

中国经济的"三驾马车"在随着时间的推进而不断地改变着。在我看来,未来的数年里,投资的重心主要会放在公共消费基础性投资与企业工厂的绿化和产业转型升级。只有把公共基础打好了,才能更加安稳地加快产业升级,而企业工厂的绿化无疑是我们一直在倡导的,结合目前我国的环境空气质量堪忧,所以企业工厂的绿化甚至转型也是符合我国国情的。产业的转型升级无疑将会是拉动经济增长的一场重要战役。投资的方式在改变,消费的方式自然也在改变。互联网开始承载着更多的消费,成为经济发展新形态。可谓"一物兴,物物兴"。"三驾马车"在不断地奔跑着,中国的经济也在不断地成长着。

17124067

这次课程我深刻体会到投资、外贸和消费三者关系如此紧密,也让我感受到了短板效应在现实经济生活中的实际表现,还感受到了集中突破的力量。我明白了,经济学问题不能只从经济方面来研究,还需要结合历史背景和社会环境来分析,用不同思维方式来想问题。

五、
"铁三角"如何保障中国经济发展的高效率？

时间：2017 年 10 月 19 日晚 6 点
地点：上海大学宝山校区 J102
教师：顾　骏（上海大学社会学院教授）
　　　尹应凯（上海大学经济学院副教授）

教 师 说

课程导入：

看了十九大开幕式没有？读了习近平总书记的报告没有？经济部分的位置重要吗？经济部分哪句话同"经国济民"主题有关？——"着力构建市场机制有效、微观主体有活力、宏观调控有度的经济体制。"

聚焦"国家与国民关系"的中国传统经济思维是有生命力的。就中国经济而论，能获得高速发展的首要原因是投资力度足够大。现在的问题是，如此长时间、大力度的资金来自哪里，为什么能源源不断而来？这就需要用"铁三角"，即改革、发展、稳定的关系来解释。

"铁三角"，改革、发展、稳定，对投资的影响很大，相互之间存在循环关联，背后是改革开放以来，中国为吸引资本，尽快走出资本原始积累阶段，促进经济发展采取的一系列策略的总和。

最后必须看到，不管维稳本身有多少历史的必要性，一味维稳，不但必然带来成本日益高涨，而且越维越不稳。稳定走到尽头就是不稳定，就是社会大乱，就是经济成果毁于一旦。所以，维稳最终是有"天花板"的。

任何一个社会要实现经济起飞，都必须在效率与公平之间达成平衡，在一定时候，容忍一定程度的不平衡，这种容忍度及其达成，反映了一个国家或者一个民族驾驭经济发展的智慧。

中国智慧反映在公平问题上，不仅表现为能容忍多大程度的不公平，何以能承受如此不公平，更表现为能多快走出不公平，最后达到多大程度的公平。

破解中国效率之谜，一定意义上就在于，说清楚中国如何通过改革、发展、稳定的"铁三角"良性循环关系，在最短时间内完成了经济起飞。稳定和维护稳定是中国经济高速发展的平衡器！

学 生 说

15120600

尹老师有句话令我印象很深刻，就是"穷则变，变则通，通则久"。这句话其实很形象地表达了"铁三角"——改革、发展和稳定，对保障经济的作用。中国在1978年实行改革开放，这一决策使得中国经济发展的面貌焕然一新，那么随之而来的如何维稳又是一个问题。既然这是个"铁三角"，也即是说这三者存在一种良性循环的关系。改革是动力，发展是目的，稳定是前提。今年是中国实行改革开放的第39年，经过将近40年的发展，中国已经基本完成全面小康社会的建设，但是依然有个令人值得思考的问题：要效率还是要公平？在之前国家让少数人先富起来来带动多数人，但是却出现了贫富差距增大的状况。那么如何使效率和公平呈现一种平衡状态呢，这是需要去揣摩的。但是我们仍然必须要知道社会发展需要公平也需要一定程度的不公平，因为绝对的公平是没有的，在资本积累的阶段，我们需要将资源向少部分人倾斜，这样才能使效率最大化。这其实也反映了一个国家和民族驾驭经济的能力。

15123011

"铁三角"发展是目的，改革是发展的动力，而稳定和维护稳定是中国经济高速发展的平衡器。破解中国效率之谜，一定意义上在于弄清楚中国如何通过这三者的良性循环得以高速发展。改革带来发展，可发展就会产生贫富不均即不公平，不公平到一定程度以后就会产生社会矛盾，这时就需要维护社会稳定，一旦稳定遭到了破坏，以往的发展成果就可能付之东流。但是经济发展本身必须要容忍一定程度的不公平。在这个问题上，任何一个国家都会陷入"先有鸡还是先有蛋"的困境，而突破这个困境

课程直击

的出路就是效率。习近平同志在党的十九大上作出"中国特色社会主义进入新时代,我国社会主要矛盾已经转化为人民日益增长的美好生活需要和不平衡不充分的发展之间的矛盾"的重大政治论断,这就要求发展要提高效率,要更加注重公平,让"铁三角"继续稳定下去,确保国民经济继续良好稳定运行。

16120605

就中国经济而言,能获得高速发展的首要原因是投资力度足够大,"铁三角"对投资影响很大,相互之间存在循环。改革同开放联系在一起,而开放意味着把有营利可能的市场空间开放给非国有、非集体的市场主体,改革才有发展空间。随着改革深入,开始越来越多地触及原有体制,维稳成为一项重要工作。资本对稳定非常敏感。如果解决好了,资本没有顾虑,踊跃投资,GDP增加,建成运作后,GDP更是成倍增加。社会环境良好为进一步改革释放更多发展空间,形成"改革发展稳定"的良好循环。

16121062

老师说有些时候"不平衡"并不意味着经济结构的不好,是"不平衡"创造了效率,创造了财富,中国的经济发展从来就是不平衡的。公平与效率是矛盾的。这句话给我很大启示。在生活中我总认为"公平"才是最美好的,经济也该如此,但现在我修正了这一观点,就像热力学中的熵一样,在事物发展的过程中没有什么是平衡的,若真要是达到了平衡,那就是静止与死亡。

16121149

顾骏老师说"稳定不是目的,而是手段"。我之前觉得政府最主要的责任就是去维护社会的稳定,但顾骏老师说维稳是有"天花板"的,一味过度地去强调稳定反而会损害国家的利益。关键就在于维持效率与公平之间的张力,这样才使得这些年中国经济持续稳定增长。

16122062

老师们通过故事,为我们解释了中国是如何通过改革、发展和稳定的"铁三角"进行经济的良性循环,使中国经济在最短时间内达到最高效率。作为工科生,我感到非常充实与满足。

17120354

上完这堂课,我感受到,中国的经济政策注重结果,十分灵活、实用。改革开放之初的口号"效率优先,兼顾公平"充分反映这一点。

五、"铁三角"如何保障中国经济发展的高效率?

17120457

老师课上谈到经济发展与环境污染之间的关系,让我很有感触。我来自山西,大量的煤矿开采使得家乡一度被外地人认为盛产"煤老板"。作为土生土长的煤都大同人,我清楚事实并不如此。随着新能源的不断研发,山西的产业结构开始转向丰富的文物与旅游资源的开发。老师说到任何一项投资中都必须考虑营利性、安全性、流动性,这三项很难达成一致。的确,高营利性对应着高风险性,但又更加诱惑人;若营利性与安全性都能得到保证,就必须使资金大量流入,达到饱和之后,供大于求,营利性就会下降,最终趋于平衡。比如家乡煤矿业一度很是辉煌,但现在趋于低迷。还有,如果大多数人都能发现其中有利可图并且较为安全,那么众多人的参与又会导致营利性的下滑。商战如战场,需要投资者的慧眼与机遇,一味跟从他人的脚步,把鸡蛋都放在同一个篮子里的做法不可取。

17122646

这次课程刚好遇到十九大开幕,老师们从经济学角度将过去与现在的中国经济政策、经济发展进行对比。改革、发展和稳定这个"铁三角"保障了中国经济发展的高效率。资源分配靠市场,宏观调配靠政府。经济发展是改革的目的,稳定则是国家经济发展的前提,让人民过上美好的生活是国家改革真正的初心。虽然大家都希望中国经济发展速度能够一直保持世界前列,但这很难做到。我们可以将希望寄托于自身,作为国家未来发展的中坚力量,为国家发展贡献自己的力量,让中国能够保持在经济强国的位置。

17123943

已经第五次上"经国济民"课,每次都会有新的体验。我要将自己从狭小的生活圈子里解脱出来,更多地去关心国家和民族,提升自己的格局。

六、"铁公基"如何贡献于中国效率？

时间：2017年10月26日晚6点
地点：上海大学宝山校区J102
教师：顾　骏（上海大学社会学院教授）
　　　尹应凯（上海大学经济学院副教授）

教　师　说

课程导入：

有两个小孩一起去扫烟囱，出来时，一个脸黑，一个脸白，请问哪个孩子会去洗脸？在没有镜子的情况下，孩子怎么知道自己脸脏不脏？通过观察同伴的脸，怎么推断自己的脸脏不脏？

在人类生活中，同样环境会给所有的人带来同样的结果吗？同学们在同一个课堂上，听的是老师同样的讲课，最后的收获是一样的吗？所以，认为两个孩子不可能一个脸黑、一个脸白的观点，成立吗？所有的问题都只有在特定条件约束下，才是有意义的。思考问题，从前提性条件开始；质疑观点，从质疑其前提开始。

基础设施属于公共产品，不能单纯以经济效益来衡量，更不能以本身是否赢利来衡量。基础设施作为公共产品，根本上属于政府责任范围，按照"取之于民，用之于民"的原则，由财政支付建造成本，用于增进公共福祉。但在中国三十多年的经济发展中，基础设施建设好像并没有完全遵照这两条原则，因为基础设施投资在中国经济发展中具有特殊的功能。

"要致富,先修路":国家投资的利弊权衡。郑国渠,建于秦王政元年(前246)。韩国惧秦,派水工郑国入秦,献策修渠,耗秦人力资财,削弱秦国军队。结果适得其反,反使秦国更加强大。

"以工代赈":基础设施建设提供就业岗位,实现人口红利。早在公元前202年就提出"工赈"概念,即在灾荒年间,除了发放实物之外,利用赈灾资金,让劳动力参与工程建设,获得工资,既化解了民众困厄的消极影响,又带来基础设施建设的积极效果。

荒年搞工程:节省成本还能拉动经济。典型案例是范仲淹在杭州任太守时,遭遇饥荒,他带头消费,鼓励建造工程,来刺激经济。

公路收费:"贷款修路,收费还贷"。在我国现有的公路网中,超过98%的高速公路、61%的一级公路和42%的二级公路,都是依靠公路收费政策。建成不收费,中国建不起那么多公路,但公路收费也确实大大提高了中国商品的运输成本。有人统计,1千克货物从上海运到纽约,只需花费1.5元人民币,而从上海运到贵州,却需要花费6—8元人民币。与驾驶者的平均收入相比较,中国是全世界过路费率最高的国家之一。公路收费背后是国与民关系的统筹安排,能达到国家基础设施体系完善、拉动经济发展和便利国民、提高社会生活效率,争取综合效益的最大值,这正是中国能取得经济发展高效率的关键奥秘之一。

绿色通道:农民增收与市民减支。

节假日免费:东部减支与西部增收,鼓励东部消费购买力即现金流,注入中西部地区,缩短全国地区经济差距。同样,企业受益很大。

学 生 说

14123414

两个小孩扫烟囱的故事让我印象很深。"思考问题,从前提性条件开始;质疑观点,从质疑其前提开始。"所有问题都只有在特定的条件约束下才有意义。这给我们一个思考问题的方法。从前提开始,判断问题是否成立。顾老师引导我们建立一种批判的、系统的、全面的看问题的方法,引导我们打破固有的思维定式,引导我们建立一种全新的思维方法。

15120282

这堂课给了我知识之外的感受。我和小伙伴尝试了五次课的抢占座位,第六次课终于如愿以偿坐到了第一排。我再次感受到,学生对于一堂课的接受程度和喜好程度,跟座位与讲台的距离呈正相关。通过这堂课,我更喜欢"经国济民"了。"铁公基"是指铁路、公路等基础设施建设。在中国,为确保经济增长率,在关键时刻"保增长",重要的是搞好基础设施项目"铁公基"。"铁公基"的直接机制便是乘数效应,市场有了需求,创造了岗位,提高了就业率,自然就钱生钱了。"铁公基"的间接机制是提高效率,进而提升幸福指数。中国的经济思维充满着智慧,不仅需要经济头脑,还需要人文关怀和政治素养等。反过来说,"铁公基"作为基础设施,是一种公共服务系统,要保证公共服务系统有效运作,就必须持续地、不间断地加以维护与管理。

15120537

这堂课接近现实,有很多事情可以在生活中体会到,与之前的课相比,更贴近我们的生活,让学生们拥有更多自己的体会,产生更多思考。

15120683

尹老师和顾老师分别从现实和历史的多重视角为我们解读了中国基础建设发展的必然性及其为国民带来的福祉。记得之前有老师提过中国有个外号叫"基建狂魔"。我觉得基础建设发展的前提就是便利百姓,完善公共产品设施,而这项活动的约束是我们当前的能力。站在一个好的出发点并且有合理的储备支持,我们没有理由怀疑我们大力进行基础建设的合理性。触发我思考的一点是"铁公基"建设的间接作用机制,同时用效率效应和幸福效应来评判其合理性。在我们认知中,地铁、公路和公共设施等一些供人们免费使用的基础设施往往是不赢利的,甚至是亏损的。因此,我们觉得其不值得建造。但如此定义,就局限了我们对基础建设的认识。试想,我们若是生活在一个事事付费、人人为己的环境中,不能享用基建设施,或许国家节约了大量开支,但这样的生活有何幸福可言?而且,"铁公基"并非免费的午餐,企业及个人所缴纳的税款,就是我们享有这个幸福的原因。就像我们认识其直接作用时知道的,基建的投资具有乘数效应,我认为这点放在间接作用也适用。进行建设时付出的精力、时间,该项目日后创造的价值是当下所无法估计衡量的,而为人民带来的福祉和民众的积极反馈也会让政府愿意投入,从而使百姓获益。我们发达的基建也依赖于我们民族的文化传统和性格,皆在以人为本。

15122359

"以工代赈",以基础设施建设提供就业岗位,实现人口红利。"授人以鱼不如授人以渔",通过这样的方式既解决了人们的生活问题,又极大程度上提供了工作岗位,可以说是一举两得。不同于欧美国家的物质捐助,中国采取这样的赈灾方式可以说体现了自己的政治智慧。

16120016

"一带一路"倡议、亚投行建设,中国以建设公共基础设施来提高经济效率进而扩展到其他沿线国家。"铁公基"不仅仅局限于中国自身,我们还要带动其他国家共赢。事实证明,中国经济效率不能以西方经济学理论来解释,而要根据中国自身的文化来阐释。能带动经济发展的才是最合适走的道路。

16120516

"思考问题,从前提性条件开始;质疑观点,从质疑其前提开始。"顾老师的话我印象很深。问题能解与否,首先要让我们理解是什么问题。

16120643

老师以两个小孩扫烟囱的故事引出"在同样的环境下,人们所受到的影响是不一样的,还要看自身"的道理。在同样的教室里,花同样的时间,上同样的课,同学们收获的也是不一样的。自身努力是个人成功的关键。

16120683

"一带一路"倡议,承载着全新的历史使命:既连接过去、指向未来,又纽系中国、融通世界,为古老丝绸之路赋予新的时代内涵,为全球合作共赢激发新的活力。同时,它也标志着我国推进全方位对外开放,从参与全球化到塑造全球化的重要转变,充分体现了中国构建人类命运共同体的责任和担当。基础设施互联互通是实施"一带一路"倡议的先导。

16121236

对于老百姓来说,基础设施越完善生活越便捷,幸福感越高,对政府越满意,就像现在的出行:公路有汽车,铁路有动车、高铁,又快又便宜,舒适度也令人讶异。爱上这些基础设施建设,我更爱国家。

17120550

顾骏老师讲述了铁路、公路等基础设施建设,也提及了地铁、高铁等基础设施大多是亏损的状态,但国家依旧义无反顾地建设这些基础设施来改善人民生活。这堂课印象最深刻的仍旧是顾老师开头所提出的问题,两个孩子去扫烟囱的故事。顾老师说我们要学会质疑问题,首先要质疑前提,也告诉我们所有问题只有在特定约束下才是有意义的。老师提到"这种情况为什么会存在?相同的环境为什么会有不同的结果?"而我的质疑却是:这两个孩子是不是原本肤色就一样,如果一个是黑人,一个是白人,那么这件事不就成立了吗?当然可能我的脑洞有些大或者脑回

路不太正常。每次上"经国济民"课都会产生许多新的思考,或者这才是上课的真正含义吧。

17120551

顾骏老师讲的故事让我认识到"经国济民"作为通识课的意义,用小问题阐释大道理,培养我们不一样的思考问题的思维。我也了解到我国铁路、公路等基础设施的建设对我国发展的重要作用,如古人"以工代赈""要致富,先修路"的思想,这也显示出我国传统智慧。

17120553

顾老师点明,基建在中国经济发展中具有特殊功能,无论是遥远的古代,郑国渠以工代赈的思路,还是现代收费绿色通道,无不体现着基础设施建设的重要性。基础设施建设的完善利国利民,拉动经济发展,为我们的生活带来便利,也让我们看到了国力的强盛。

七、
房地产如何贡献于中国效率？

时间：2017年11月2日晚6点
地点：上海大学宝山校区J102
教师：顾　骏（上海大学社会学院教授）
　　　聂永有（上海大学经济学院教授）

教　师　说

课程导入：

　　面对一处物业，如果售价500万元，首付三成150万元，贷款350万元，分30年偿还，每个月须还款约2万元，而租金每个月为0.5万元，请问你会买房还是租房？请说出租房的理由和买房的理由。房价为什么会涨那么快？这就同基础设施建设有关了。

　　基础设施投资的钱从哪里来？其一，国家积累；其二，银行贷款；其三，民间投资；其四，出售国有土地。

　　基建与土地出售是什么关系？基础设施改善，必定带来房价上涨。那么，先盖房子再修地铁，还是先修地铁再盖房子？让地铁为房价上涨做贡献，还是让房价上涨为地铁做贡献？

　　如何让房价持续上涨？其一，国有垄断，建房的土地只有一个来源，即来自各级政府；其二，饥饿营销，控制土地供应的节奏，造成供不应求；其三，塑造期望，中国土地紧张，住房需求永远不会满足；其四，示范效应，别人赚钱了，我为什么不干？其五，货币贬值，不是房价增值，而是货币贬值。

房价上涨国民是否得利？房价上涨宏观上为基础设施投资带来资金，进而带来经济效率提升、就业机会增加和生活更加便利。微观上，带来明显的个人财富效应。财富总量增加，收入结构变化，有人被动变富，财富先到先得，财富代际转移。所以，房价上涨既为国家创造了大量的收入，也为国民带来了巨额财富，产生了"民不加赋而国用饶"的效果。

问题是，房地产发展有没有边界？房地产带动基础设施建设有没有边界？基础设施建设拉动经济有没有边界？中国现有经济发展模式有没有边界？如果没有边界，那就继续现有模式。如果有，边界之外是什么？房地产开发、基础设施建设对经济的拉动能否持续到新的经济发展模式的确立？中国经济能迎来新的增长点吗？这个新的经济增长点是什么？在哪里？所有这一切，都将在下一讲揭晓：创新如何确保中国可持续发展？

学 生 说

15120254

上这堂课前，我对房价上涨问题的了解基本上都是看网上各种观点、各种解说的，自己并没有一个非常明确的框架。通过老师的梳理，我认识到其实在一种经济现象的背后必然有其存在的原因，人们虽然一直在抱怨房价居高不下，但是这其实也是政府的一种做法。思考问题要从多角度展开。

15120495

顾骏老师的经典上课模式就是课程开始就抛出一个问题引发大家思考，将大家渐渐引入学习氛围中。本周问题是该租房还是买房，老师用数据和现实得出结论，租房比买房便宜，但实际生活中，买房的人仍然是多数的。买房子的人明显多于租房的人数，这里的权衡不仅仅是费用的比较，还有中国传统观念以及对稳定生活的追求。因此，分析问题表面原因和深层原因我们都应该考虑到。通过这节课，我对中国房价产生了新的认识，对它的认知不仅仅是价格，还有经济层面、社会层面。"经国济民"这门课，顾老师带我们从社会学角度理解问题，聂老师引导我们从经济学角度讨论问题，这种循序渐进、融会贯通的学习模式十分有效。

15120622

顾老师用问题思考引入关于租房和买房的讨论。房价问题一直是社会热点问题，房价上涨对个人和整个社会影响巨大。聂老师从经济学角度解读了高房价背后的经济因素，房价与通货膨胀、金融安全之间都有着紧密的关系，而房价的突然暴跌会对所有人造成不利影响。我认为房价的问题并不仅仅是单纯的经济问题，更是社会问题、民生问题，关系着每个人的生活，关系着中国经济的健康发展。聂老师认为房价与其他经济因素之间的关系，是"双难"的关系，房价涨得太高，人们都买不起房，房价突然暴跌，经济必然受到重创。这就需要在其中找到有张力的平衡，并逐渐将高速的经济增长转变为高质量的经济增长，平衡经济增长和社会发展。

15120666

"基础设施建设与房价相关，你觉得政府是先发展基础设施还是先稳定房价？当然是先发展基础设施。"我之前就很关注房价与基础设施问题。这句话给我指了一条明路。我们在做任何决策前都应顺应国情，了解政府发展意图。在国家大力发展基础设施的大环境下，我们应该意识到自己所在城市的发展特色。而买房可以认为是每个人人生中的一次重要的投资，我所处的城市杭州，基于G20以及地铁建设的不断发展和未来亚运会的举办，基础设施对房价的影响会越来越大。

15120722

聂老师说房价太高对穷人反而更有益。这句话与当今舆论背道而驰。在大家一致认为房价过高、买不起房的唉声叹气之下，聂老师却认为这是穷人的利好消息。在仔细分析之下发现确实如此，房价的高企使得整个商品篮子里的其他商品价格趋于平稳，房子对于大部分人而言仍然是一个需求较高的商品，在其上涨之余，刚性需求较高的商品例如大米油盐的价格就不会过快攀升。对居民而言，这些刚需明显更为重要。故房价上涨对大众利好。聂老师让同学们跳出了一个圈子，站到了一个足够高的高度去看待问题，这是当下每个大学生应当学习的。

15121262

房价是近几年来热度不减的话题，房地产又是中国经济的引擎，可以说居高不下的房价和高房价带来的效益，一直是一个十分矛盾的问题。上课前我曾单纯地想，若是房地产泡沫破灭了，我将来买房就便宜了，但是联想日本过去房地产泡沫带来的后果，加之房地产与生活各方面的关联及其对中国经济发展的重要性,这一天还是来得越晚越好。就目前来看,房地产是中国经济的引擎。但放眼全局,中国经济的引擎不只是房地产。

15122088

顾骏老师和聂永有老师带来吸引大家眼球的中国房价课。两位名家的解读让我耳目一新。聂老师指出:"中国房价的疯涨在一定程度上对穷人有利的。"我好似被打通任督二脉一般引来颅内高潮。我从前都只片面认为高涨的房价使穷人遥不可及,是富人的作恶把戏,从未想过因(通货膨胀)和果(吸纳富人钞票)。况且在各种明码标价的物品里,房子作为流通性最差的不动产是极不刚性的。如果不得不在所有商品里选一个涨价,那选房子涨价是对穷人而言最好接受的。这样的思路打通,让我受益匪浅。

16120643

对于房地产,我觉得虽然是不可预测的,是变化无穷的,但我们还是可以用我们积累的知识去分析它未来的大致走向。预测毕竟是预测,并不一定会准确。

16120878

期待这周课已很久,生活在寸土寸金的上海的我们,格外关心房价问题。这节课前,我完全不了解房地产中存在的智慧,简单地认为高高在上的房价给了人们巨大的生活压力,殊不知高房价维系了社会的稳定,减轻了较低收入者的负担,毕竟温饱大于住房需求。不过,老师讲课时算的一笔账,虽然说明了买房子没那么重要,但我觉得这样简单的算账太过片面。中国人的思想大多追求生活稳定,有了房子才是家。政府是否存在有效的手段解决通货膨胀,让经济状况完全健康呢?尹老师讲的房地产与银行、购房者的博弈问题让我兴趣十足,商人的博弈总是充满智慧,经济学就是这样有趣才让人着迷。拥有智慧才能经国济民。

16121456

我在意房价这个话题,不仅仅是因为"房"与我的生活紧密关联,更是因为我曾选过经济学院的一门核心通识课,聂永有老师自由开放的课堂形式和"洗脑式"的授课,普及了"租房观",让我印象太过深刻。今天的开场白依旧充满着"顾氏风格",但这次的问题直切话题的最敏感处:租房或买房。之后,聂老师提出房价上涨国民是否得利的问题。通过老师的分析,房价上涨在宏观与微观上有着各种利好的经济表现,我对这个结果又心服口服了。

16122062

这个学期课程的尾声,我们终于等到了期待已久的房价专题。感觉每节课真的是一环扣一环,顾老师总能巧妙地承上启下。比如上节课所说的基础设施建设,就给这堂课讲述房价问题做了一个非常好的铺垫。

16122741

这堂课的内容很吸引人,也是最令我痴迷的主题。可能,在当今这样的形势下,大家都对"房地产"这个词比较敏感吧;同时,它也很实际。听完课我发现我之前对房地产一点也不了解,是个"盲人"。

16122971

从政府角度看,土地财政原因,开发商更愿意买地开发楼盘,政府财政收入大大增加。对于国民来说,房价上涨一方面使一些人的个人财富大大增加,另一方面也使另一些人背负了更重的买房压力。但其实不然,房价上涨只是房地产承担了相当一部分金融压力,如果房价不涨,那么就会产生严重的通货膨胀,这样对穷人更加不利,所以从宏观来看,房价上涨对于穷人也许并没有那么不利。总之,房价上涨其实是一个很无奈的结果。

16122998

"房地产发展有没有边界?""房地产带动基础设施建设有没有边界?""基础设施建设拉动经济有没有边界?""中国现有经济发展模式有没有边界?"顾骏老师提的几个问题都提到"边界"这个词。这很值得人们思考。我认为是要有边界的,万物法则皆有度。我们要顺应自然发展的规律,将其维持在一个最佳状态,慢慢寻找最佳方案,不能一味发展,这样总会有很多无法顾及的地方。

17120346

房价背后还与银行、国家经济以及基础建设等相互联系,而这些都是我在上这堂课前从未想到过的。

17120341

顾骏和聂永有老师阐述了房地产对于中国效率的贡献。我对于现如今房地产价格上涨的看法是:首先,我们应看清中国贫富不均衡是中国百姓主观认为当前房地产价格过高的主要原因。财富积聚在一小部分人的手中,导致许多有钱的人通过房地产投资实现财富增长,从而进一步炒高房地产价格,而另一部分人则永远只能望而却步。虽然顾骏老师在前几次课上提到过,财富集中更有利于国家在经济发展阶段积累资本,但有一个限度是非常重要的,否则就使历史上"拉美陷阱"的悲剧重演。解决这一问题的办法在于明确"房子是用来住的"。其次,我们应从房地产价格的不断上涨看到地区与地区之间的资源不平等。从上涨趋势来看,一线城市房地产价格的上升速度明显快于二三线城市。在一线城市中,周边基础设施较为完善的地区以及教育或医疗资源较好的地区房地产价格更高。这也就说明中国更应重视一些尚未发达的地区的基础设施建设,使中国从郊区城市化更快地向城市郊区化发展,缩小地区之间的差异性。还有一点是中国人认为"没有房子就娶不到老婆"的思想以及中国人不爱搬家的传统习惯造成买房需求上涨。除此以外,我认为,目前中国关于租房的相关政策不够完善,也是现如今买房需求上涨导致房价上涨的重要原因。

17120538

今天的课程同学们的提问比往日更显专业化。我听到老师的专业解答后,感觉自己也解开了许多以前对于房价的困惑。这门课看似遥远,实则正渗透在我们的日常生活中,每个人都应当了解中国经济的不同问题,这与每个人的生活都息息相关,甚至说每个人都应该学会从宏观和微观上分析这些问题。我正在学习中。课程接近了尾声,有些不舍,但足够难忘。

17121951

通过这堂课,我深感到政府的不易。总是被诟病的房价问题,背后其实隐藏着许多奥秘。这样的课程帮助我更好地理解政府的政策以及国家与人民之间的关系。

17122646

这堂课使我们了解了房价上涨背后的国与民的利益关系。

17123996

对于有房一族,房价的上涨可以使个人财产性收入增加,实现财富的代际转移。高房价带来高效基建,提升国家收入也提升国民财富,产生"民不加赋而国用饶"的作用。对于暂时无房一族,不必对未来过于悲观。政府正出台一系列政策,如公租房留住优秀人才等。我们要做好的是活在当下,提升自己,相信未来。

八、创新如何确保中国可持续发展？

时间：2017年11月9日晚6点
地点：上海大学宝山校区 J102
教师：顾　骏（上海大学社会学院教授）
　　　胡笑寒（上海大学悉尼工商学院副教授）

教　师　说

课程导入：

"中国30年走完西方300年的路"，中国30年同西方300年走的是同样的路吗？如果不同，区别在哪里？中国发展能在追随的道路上，一直走下去，最终领先世界吗？如果不能，中国应该怎么走？

中国改革开放以来的创新轨迹：第一阶段，简单引进，没有创新；第二阶段，消化掌握，自己维修；第三阶段，进口替代，为了减少外汇消耗，努力仿制零件、原材料和整机；第四阶段，逆向设计，拆开进口机器，测绘分析之后，加以仿制，所谓"山寨"；第五阶段，同向超越，在发达国家设定的跑道上，找到自己的方案；第六阶段，自主创新，"进入无人区"；第七阶段，未来创新，找到中国跑道，制定中国规则。

创新驱动作为中国发展的必由之路，可以用新产品避免市场竞争，获得更多市场蛋糕；提高全员生产率；保持GDP增长率；实现生存方式的根本改善。

中国创新面临挑战：其一，创新层次逐级提高，无论是硬科学还是软科学;其二,"产学研官商"一体化;其三,教育和教学改革,创新是人的最后特征,应该建设对创造友好的教育;其四,松绑科学家,快乐的科学家才有创造力,创新不是考核出来的,要给科学家体面的生活。

学 生 说

15120282

党的十九大指出,创新是引领发展的第一动力,是建设现代化经济体系的战略支撑。但创新从来都不是一件容易的事。创新从想法到现实,更是一条艰难的路。我觉得创新更是一场心理拉锯战,当我们离开自己的舒适圈,踏入无人区时,我们既要勇敢自信,又要谨慎小心。

15121262

这堂课我印象最深的是中国改革开放以来的创新轨迹梳理,从简单引进到最后的未来创新。作为理工科学生,我很欣赏胡笑寒老师以图表数据为切入点,介绍中国近些年来的创新变化。胡老师对于国内自主创新类型的划分十分细致,还结合实例,让我了解了各种企业创新类型的差异。

15122456

中国创新已经是我们国家正在走也必须要走的道路了,只有创新才能使我们在大国的位置上越站越稳,越站越久。我们也要让创新变知识为财富,为社会和国家创新出一份力。

15122479

"创新"这个词对我来说既陌生又熟悉,我们这一代人从小就被不断地灌输要具有创新精神,但是结果并不理想,我们更像是从流水线上产出的一件件合格的产品,守成有余,却极少人有创新的精神与勇气。因为我们的潜意识里有一个观念:西方发达国家好像已经把创新的事情全都干完了,我们做的仅仅是赶上他们的脚步就行了。这与我们身处的大环境息息相关。而今,中国处在转型的关键时期,创新无疑是一条阳关大道。

16120289

本次课程两位老师从不同方向切入创新驱动发展这个主题。顾骏老师提到要松绑科学家。"快乐的科学家才有创造力","创新不是考核出来的","给科学家体面的生活","咖啡馆为什么重要",是合理且必要的。顾老师的这几条建议同样给了我们大学生以指导。我们完全可以更充分地利用好自由空间,进行小组学习,或者讨论,或者闲聊,也许火花就是这样碰撞出来的。胡老师从经济学角度展示了中外科技对于经济增长的贡献率,并且总结了国内自主创新的主要类型,对面向未来的自主创新提出了展望。

16120604

给我印象最深的是顾骏老师说的"每个人选择自己的人生道路是最基本的创新"。这句话人文情怀很浓。其实,一个人的一生里会遇上很多选择,而一旦有一个选择不一样,这个人的人生就不一样。可以说,人生确实是有无数种可能。那么,对每个选择作出不同的反应,在人生的岔路口张望,作决定,这实实在在是创新。自己为自己的人生作选择,虽然人生道路的选择不能用对与错评判,但自己为自己,这是最本能最基本的事情了。老师的这句话让我思索了很多,我也想规划好人生,把之前遗漏的东西都补一补,自己为自己选择人生道路。这是创新,是对自己的负责。

16120743

这堂课老师不再回顾历史,解释如今的经济现象,而是面向未来,憧憬和期待今后中国要走的路。而中国经济要在未来能够保持现在这样高速发展的势头,创新是最重要的一环,也是未来发展的基石与动力。何为创新?创新是以新思维、新发明和新描述为特征的一种概念化过程。为什么是概念化?创新只是一个抽象的事物,将创新这一概念落实在实际生活中,能够让我们感知到的就是新的思维方式、新的发明以及新的描述。中国,从一个贫困国家发展至今,其创新轨迹,就是"取其精华,去其糟粕"的过程,也是一个不断积累经验的过程。但是,中国的道路不能止步于此,在未来,中国制造,自主创新,未来将是以创新为主导的产业的蓬勃发展。如何自主创新?对外,采用蓝海战略,用新产品去拓展市场,挖掘顾客潜在需求。对内,可以改变公司工作结构,提高工作效率,提升生产率。当然,创新之法尚有许多,但创新所要面临的挑战也很多。首先,创新层次在不断逐级提高,从技术的创新,到理论创新和思想创新,每一级创新所面临着挑战。其次,创新的基础在哪里?教育机构是创新的最好诞生地。而教育中的创新,也是目前的关键:如何改变教育模式来提高教学效率?其实创新在我们生活中处处存在,不断创新,我们的生活也在不断升级,我们的社会也会变得更加和谐。

16120787

第八课聚焦中国的效率之谜,谜底在于创新。中国改革开放以来,创

新之路从未停歇。我们一步一个脚印，从简单引进，到消化掌握他人的技术……我们的路举步维艰，却扎扎实实，造就了今日的中国。未来面临的挑战还有很多。

16121236

当今社会我们面对一个挑战时，创新层次逐渐提高，由思想创新到理论创新再到技术创新，经政府政策导向达到"产学研官商"一体化，胡笑寒老师为我们阐述了创新驱动经济发展，对于企业——科技创新的主体来说，创新是企业可持续发展的核心，而创新和可持续发展之间缔结的纽带，就是需求，而满足需求的最佳方式是创新。顾骏教授提出的问题很有意思——"中国30年走了西方300年走的路"这句话有没有道理？他给了我们颠覆性的答案——没有可比性！西方的发展是从无到有的过程，而我国的发展是在别国的理论基础上发展的过程，完全不可比。

16121453

自改革开放以来，中国经历了简单引进、消化掌握、进口替代、逆向设计、同向超越、自主创新等几个阶段。创新对于中国的发展非常重要，一味地复制粘贴是不行的，没有新鲜血液的产生，是没有活力的。

16121643

今天课上，顾骏老师讲了很多有趣的技术创新故事，悉商的胡老师则引用了国家政策沿革和科技创新的许多数据，令我们更加深切且清晰地感受到国家对科学技术创新的重视。两位老师强调了学术科研的重要性，点明了科技创新道路上企业逐渐成为主体的趋势。每个学科、行业都要有创新，不是说以企业为主体，其他科研项目就可以被忽略。创新包含很多方面、很多环节，学术和企业技术创新并不矛盾，彼此独立又能建立合作关系。

16122741

老师讲述了中国改革开放以来的创新轨迹，我这才发现原来我们一直在模仿与追赶中，跟着其他国家走，借鉴着其他国家发展的历程，我们取其便捷，抛其杂糅，因此减少了发展道路上的困阻，也缩短了我们发展的时间。但是，时隔这么久，差不多也追上了吧?！是时候各展其能，进行新一步改革发展了。一直以来，习惯了模仿的我们，到底该何去何从，仿佛成了一个难题。中国创新面临的挑战，我觉得最重要的是思想的创新。我们不能再同以前一样，要彻底改变那种模仿的思想，这才是根本。

九、解读中国之谜意义何在？

时间：2017年11月23日晚6点
地点：上海大学宝山校区 J102
教师：顾　骏（上海大学社会学院教授）
　　　陆甦颖（上海大学经济学院副教授）
　　　尹应凯（上海大学经济学院副教授）
　　　朱　婷（上海大学经济学院副教授）
　　　顾晓英（上海高校思政课名师工作室——顾晓英工作室主持人）

教　师　说

课程导入：

乔布斯的创业伙伴，在"苹果"最低迷的时候，把自己的股权以 25 000 美元的价格转让了，如果放在今天，价值 35 亿美元。请问看到这条消息，你的第一想法是什么？

有学生回答："我卖掉了股份，换来了十几年的宁静生活，不需要为企业好好坏坏而操心。"乔布斯不是为"苹果"操碎了心，而英年早逝吗？但要是乔布斯在天有灵，又会怎么回答？人生的价值在于改变，乔布斯改变了世界，那位合作伙伴呢？人生的意义取决于个人的价值观，有所得必有所失。追求安逸，就不要抱怨囊中羞涩；追求财富，就不要抱怨劳心劳力；追求不朽，就不要抱怨英年早逝。

探究中国之谜，不为解释过去，而为服务未来。

靠一门课来破解中国经济之谜,是一项不可能完成的任务。"经国济民"只是提供一个窗口,同学们可以从这里开始,思考中国发展的现实问题,接触传统文化,传承中华民族的优秀遗产,进而获得同外部世界对话的资格。探究中国效率之谜,也就是同学们对自己人生的预设计和预评估!

世界等待着中国发展之谜的揭晓。国家需要中国之谜的中国式解读。大学生可以从探究中国经济之谜入手,关心国家大事,传承优秀传统,将来在自己的学科领域中,发现中国当代转型的内在动力和深层机理,成为一名成功的解谜者!

学 生 说

14120653

从"大国方略"到"创新中国",再到"创业人生""时代音画",以至如今的"经国济民",一路追随顾骏老师和晓英老师的脚步,听他们讲述中国故事,以他们的眼光欣赏中国文化,从他们的角度解读中国问题。一路上,我看到了很多,思考了很多,解决了我很多的疑惑。我最大的收获是学会了带着问题学习,学会了表达自己的观点。

14121159

上了这门课,发现这确实是一门高大上的通识课,值得取这么大的名字——"经国济民"。课程给我最深的感觉就是老师们都非常自信,不管是在讲课,还是在交流互动过程中,都充分地体现出了自信。课很有趣,老师们的思维逻辑都很清晰。老师会根据同学们感兴趣的问题进行课程安排,我觉得这是一个在教学中很有意义的变动,毕竟学生感兴趣的才是最有意义的东西。

15120282

作为经济学院学生,我平时关注的都是经济热点,探索和思考的都是时下发生的事情。对"经国济民"的前几次课的感受是失落的,因为老师们从历史中反复讲了中国经济的过去。我的脑海中总是闪过一丝疑惑,为何不讲当下中国?直到最后一课,顾骏老师给出解答,我才恍然大悟。万事万物皆有因果。想知道果,很简单,看因;但想知道果其实很难,因为世间的因千千万万,何因酿何果。但是有一点可以肯定的,过去和今天是影响未来的重要因素。我们探究中国之谜,不应该拘泥于肤浅的时过境迁的"当下",而应该站在历史的长河中,用辩证的、发展的、批判的眼光去看整个中国,大到上下五千年,小到国民个体。探究中国之谜非无用功,恰恰是看似无用的"理论工夫"。探究中国之谜是为认识中国自己。全面而深刻的自我认识,是中华民族伟大复兴的基础,是为世界提供中国方案。

15120301

每堂课的题目都会让我好奇又兴奋:"中国之谜谁来解?""中国政府的效率何来?""中国道理有哪些独特之处?""'三驾马车'跑得有多快?"……带着问号听讲,给我不一样的感受。不夸张地说,老师们的风采各异让这门课成了我每个星期的最期待。不夸张地说,这门课是迄今为止我在大学期间参与度和接受度最高的课程。为了争取到提问机会,我每次听的时候脑子都要保持飞速运转,在提问环节时再从满肚子疑问里找一个最想问的举手。每节课下来,居然都会觉得累,信息量太大啦,即便课程里的所有内容都是老师们很认真地浓缩出的精华,但是吸收起来还是一个不小的工程。我在欣喜自己收获的同时,衷心感谢老师们的尽心竭力。

15120495

我印象最深的就是顾骏老师那句"民不加赋而国用饶"。一开始我笑老师的普通话不标准,听了很多遍以后才渐渐理解意思。这句话是传统中国财政管理的理想目标,国与民的关系既是中国传统思维的聚焦点,也是中国经济之谜的谜底。再到基础建设与土地出售的关系,基础设施改善,必将带来房价的上涨;房价的上涨既为国家创造了大量收入,也为国民带来了巨大财富,产生了"民不加赋而国用饶"的效果。这句经典名言贯穿了"经国济民"整个课程。一学期的学习结束了,"中国之谜"抽丝剥茧般地渐渐呈现。

15120528

一学期的"经国济民"课听下来,感觉所有的课程是由一根线连接着的,从"三驾马车"如何带动中国经济增长,到"铁三角"如何保障中国经济发展,到"铁公基"如何贡献于中国效率,再到房地产,创新……

15120620

作为当代大学生,读懂中国,读懂中国经济,理性看待中国发展的现状与问题本就是我们的职责。现在的我,已经跳出对中国固有的经济思维,更不拘泥于西方经济学体系,而是学着用新的经济思维感受和认知当下的中国国情和当今时代。在未来,我将进一步去理解和思考中国效率

问题,探寻中国之谜的解答。作为当代青年的一员,我将努力提高文化自信,进而养成关于中国学科话语的意识。

15120622

学了"经国济民"课程,我感到"经国济民"的重点在于"国"与"民",这说明经济学不是一个纯理论的学科,除了关注理论之外,更要去研究经济与国民的关系、与社会的关系。经济现象也不能仅从理论层面理解,更要联系实际,联系国家的实际情况和世界的格局。通过课程,我认识到学习过程与其说是研究不如说是探索,关键不在于知识的多少,而在于思考的深度和广度。

15120940

"经国济民"让青年认识中国,让我们从多个角度认识中国效率,如"铁公基""铁三角""三驾马车"等。作为中国人,首先要了解自己的国家。在国力日益强盛的今天,在中国在国际上越来越有话语权的今天,中国青年人要在与外国人交流时,知道中国发展,知道中国为什么强大得如此迅速,这便是一种青年担当。"经国济民"让青年了解理论中国的重要性。理论中国便是讲述中国经济发展效率高的原因,这不仅仅是为了解释过去成功的原因,也是为了服务我国未来的发展。不仅仅是认识中国自己,也是为世界各国提供中国发展成功的"中国方案",帮助其他国家走向成功。"经国济民"让青年以国家趋势为方向设计人生规划。顺应国家发展趋势的往往更容易成功,而与国家政策背道而驰的更容易失败。国家的明天靠青年,青年是国家最主要的劳动力。"经国济民"让青年意识到创新的担当。

15120940

顾骏老师说,上这门课很累。作为非专业学生,我们对于一些理论的理解很费力,需要在老师讲过后想许久才能领会到老师所要表达的意思。老师之前讲的一个个点串起来形成了一个体系。原来这是在为中国道路寻找理论支持,为更好地认识中国,为世界其他国家更好发展提供可供借鉴的中国方案。顾老师说得很有道理,理论中国是一个很好的研究思考方向,这门课在这个新视野上开启了我的思考。

15121218

"经国济民"是我修过的"大国方略"系列课程的最新一门课,也就是说五门课我全部修满了。

15121423

"人生的意义取决于个人的价值观,有所得有所失。"顾老师讲述了乔布斯英年早逝的故事。谁的选择对呢?乔布斯英年早逝却是不朽的。人不应为自己而活,应看看为世界带来了什么改变。苹果公司对科技世界、人们的生活影响巨大,乔布斯是不朽的。他对世界的改变让他与世界同在。作为学生,我认为自己应该树立正确的价值观,为世界改变造福人类贡献自己的力量。

15122088

晓英老师并不主讲,但像个贴心的"妈妈",一直以主持人的身份活跃在课堂,介绍新请来的嘉宾教师,安排同学们的座位,沟通慕课拍摄情况,她一直在台下勤勤恳恳,认真负责,令我敬佩。顾骏老师活跃在"经国济民"的每一节课,用睿智幽默带来了最多笑声和新思路,非常喜欢他的讲课风格,他总是能用有趣的故事启迪我们的大脑,放飞思想,把枯燥的理论讲述得活灵活现,有了他给予我们的"眼睛",我才能更好地看懂中国,看懂世界,避免灯下黑。聂永有老师是经济学大家,解读问题有板有眼,功力深厚,而且经常列数据摆事实讲道理,令人不得不信服。感谢所有嘉宾老师,带来绝佳课程。

15122359

体验了这学期"经国济民"课程,作为没有接触过经济学的理科生,我就像顾骏老师说的"尝到其中的味道"。我了解了国家与经济密不可分的关系,我也会继续找寻自己感兴趣的课程进行学习。

15123155

老师讲到,大学生要探究中国之谜,更多地要从学会中国式的方法去解读。此话一语中的,点出了我缺乏的认识问题的方法。

15127004

顾老师很幽默,很负责,博学,他上课很有趣,好多观点总让人耳目一新。他不但给我们传授新的知识,更让我们学会怎样思考,让我们不再局限于课本之上。希望专题中加上"中国制度如何影响中国效率"、"外国人是否可以效仿中国发展方式"这两块内容。

16120022

顾骏老师作为主讲教师以他的方式调动着我们的兴趣,同时也带动着我们的思考。在整个课程中,顾老师每次都以问题引导我们,不管每个问题带来了多少启发,我都记得他不断强调,思考问题和回答问题的角度才是关键。

16212038

这学期,"经国济民"就像是一个引导者,指引着我们跟着她的步伐,一步步向前,悄然之间为我们渐渐掀开中国经济的神秘面纱,即便是只能够管窥一豹,对我们而言也是受益匪浅。"经国济民"的老师们就像是掌舵者,引领我们步入正轨,去解读和探索中国经济之谜。

16120435

"西方看我们是个谜。"本学期选到传说中的"大国方略"系列课之五——"经国济民"。课程从"中国之谜"开始。正如课上同学发言所说:"在我以前的认知中,'经济'一词,不过是满足自我物质需求的定义,但在上课中我逐渐明白那种想法太过狭隘和'小我',仿佛推开了新的大门……"是的,一学期下来,就不只是推开"门"了,在中国效率、中国经济、经国济民的道路上,在老师们带领下,我们已经迈出了很大的一步。聂永有老师的分析贯串着整个学期的课程。从"经济"词义到经济学理论发展的主要脉络,抛出他对"经国济民"的理解。顾骏老师从古体字"井"字中间的一点讲起,深入浅出剖析中国古代土地制度的内在逻辑,中国传统经济思维在调动个人积极性、努力创造财富方面别具匠心。在那之后的所有课程,那些接地气的生动例子,化繁为简的简单概述,当然还有那些高大上的平时想不到也接触不到的真实案例,无一不使课程变得更加易于理解,更加引人入胜,更加发人深省。听过的没听过的事例,从顾老师口中冒出来,总能引发所有同学的一阵欢声笑语。这让我突然觉得,原来欢声笑语的课堂在经济这样一门看似严肃的课程中也是存在的。我找回了自己当初那份对于经济的热爱和对于这门学科知识的渴求欲望。从"三驾马车"到"铁三角"、到"铁公基",中国经济、中国效率就这样逐渐地由老师的剖析最终呈现在我们眼前,通过房地产、法律、资源环境等各种不同的角度,中国经济、中国效率由浅入深地传入我们的脑海,知识的常青树由此扎根。"经国济民"是以探求经济运行规律为己任的经济学人不懈追求的目标,它将个人的知识、能力奉献给社会,将个人的成才抱负融入为最广大人民造福之中,这是社会进步需要的个人素质的完善与人格信念的升华。而我们学生要做到个体与现阶段中国社会、中国国情、中国精神完美结合,就离不开传统经济思想的内在智慧,离不开我们的文化自信,离不开我们对知识的渴求与运用。中国经济离不开效率,离不开环境资源,离不开"三驾马车",离不开"铁三角",离不开"铁公基",更离不开你我!

16120536

这门课给我最重要的启发就是让我意识到自己思维中的"断片",并教会我如何连续性地思考——而这一点将使我受用终身;除此之外,我学会了以一种多学科、多角度的方法来分析问题。

16120604

不得不说,"经国济民"内容一次次刷新了我的认知,让我明白自己之前的理解还是偏于狭隘的。我在不断地听课过程中吸收老师所讲内容,完善自己的认知结构。"经国济民"不仅课堂内容质量高,教学模式惹人爱,更重要的,是它传递出的一种人文情怀。我从这门课中,窥见的是老师们所传达出的共同的热爱,是经济学教授那种孜孜不倦,是社会学教授那种浪漫优雅。因为"经国济民",我对我国经济现象的理解更加深入,对一些政策的执行不再像过去理解得那样盲目,知道了上大的许多研究成果以及背后的艰辛,我深深地为自己作为一个上大学子而感到幸福;因为"经国济民",我看懂了许多教授解读的中国,从而更加热爱自己的祖国!经济学和社会学擦出的火花如此绚烂,我们的课程感受都很棒,我们在知识的海洋里畅游体验。中国之谜谁来解?这是课堂上的大题目,也是留给我们每个学生去思考、去摸索的。求学路上不应当慌张,就算这一路再艰难也要坚持,因为我们可以看见前方是有多么可贵。老师在讲课中不仅有专业知识、犀利尖锐的分析,还传达出浓浓的人文情怀,而这些才是历久弥新的,多年以后我再次回想起这一段时光,定然是饱满的岁月。

16120626

"经国济民"不只是经济学的问题,更是集各个领域、各个学科的问题,这也就是为什么我们每一位年轻人,都应当承担这份责任的原因。经国济民是任重而道远的,不仅仅是因为使中国更快发展是困难的,更是在发展的同时,不能丢失中国的民族精神,不能抛弃古代先哲的思想。吃苦耐劳,勤奋节俭以及发展的责任,一起落到我们的肩膀上。

16120787

上课以来,我一直在思考:这门课我到底应该怎么去学?我从两个角度来阐述自身感想：是作为课堂内的学生对课堂内容的一些感想，另一角度是作为跳脱课堂的旁观者的感想。在这堂课上，我感受到了从社会学角度去解读经济学问题的魅力。在如何看待中国经济发展的问题上，在寻找背后的中国经济智慧的过程中，不断培养发现问题的意识，拓宽视野，活跃思维。上一节课，老师分析了有利于经济发展的文化因素，在对比中俄时，我印象深刻，从而我思考到：分工和选择的不同，一时可能不伤大雅，但在历史长远发展来看，会慢慢体现出本质区别。中国人是一个生产的民族，相信内在的自我控制，使我们独特地创造了属于中国的独有成就。我非常高兴能够选到这门课，让我同时接触到如此多的优秀师资。这门课是真正为着我们学会思考、学会关注一些事情发生的内在原因而讲述的。它让我们看得更广更深。就上节课而言，我感受到了老师对于我们能否接受课程内容的重视，为了让我们更好地上这门课，他专门花时间讲了我们应该怎样看待课上讨论的话题。我觉得我们各个学院的学生，虽专业不同，但在这门课上，并无阻碍，我们应懂得解决问题、看问题时，不同专业的我们思想是可交流的。如果不去主动思考，那势必不融入课堂，会觉得不解，不解就会乏味，就很容易会把这份"难解"怪罪在自己并非这个专业的原因上。希望在这门课上，我能够坚持思考，也希望自己能够不断拓宽视野，活跃思维！

16121448

"要知道经济从古到今是怎么来的，就像教科书，我们更需要知道知识点的由来，而不是零散的知识点。"顾老师有很多让我印象深刻的话。从高中到大学，我们从一个填鸭式教育环境来到了一个自主学习的环境。我们曾经是在恩师教导下，汲取一个个知识点，最终考上好大学的。于是，在大学里，我们也渴望有着领路的老师，带领着我们啃下一个个知识点。在大学以前我们的目标是考进大学，我们需要快速获得知识点并重复练习，记住套路。而在大学，短学期制让学习战线不能拉长，必须在课堂上紧跟老师思维，课下自学消化，为未来打下基础。

16122062

我非常佩服顾骏老师，无论遇到什么问题他都能应对自如，给人一种无所不知的感觉，实可谓"入乎其中，出乎其外，乐在其中"。

16122256

"人生的意义取决于个人的价值观,有所得必有所失。"我感到人生就像一盘围棋,如果计较于一城之得失,计较每一日之得失,必失大局。任何事情都有两面性,如何选择,关键在于目标是什么,也就是每个人的价值观是什么,感触良多。

16122527

几位老师从专业知识出发,结合生动的小事例将一个个晦涩难懂的专业性问题化成生活中的问题,深入浅出,更容易让我们接受。三节课的时间总让我感觉过得很快。

16122908

"经国济民"课只是让同学们看到"河对岸"闪着的光,而进一步的理解还得靠同学们自己。中国的经济之谜至今没有明确的合理的且完整的解释,而对此的相关研究正是当下的显学,这也恰恰应该是我们这些有志青年应有的担当。探索中国经济之谜,解决理论落后于现实的矛盾,建立起适用于我国经济社会的理论体系,形成我们的"中国学派",弘扬我国优秀传统文化。青年应当有远大的抱负。

16122998

"经国济民"让我第一次很系统并且以很独特的方式感受到了经济的学问和力量。很喜欢顾老师每堂课的讲演。他是一个知识渊博的人,他的每次讲演都能让我听得很入迷,从他的话中我能懂得很多道理。他问过"什么人能成为哲学家?"我们都有很多猜测,而顾老师给出的答案却是"有遗产的人",诙谐中又能给我们娓娓道来很多道理。每堂课的讨论环节,他从一个小故事或者谚语入手,一点点将我们的思路打开,让我们更加全面客观地看问题。课程让我们处在一个更加高的位置上,可以看得更高更远,让我们对未来的中国经济发展充满了责任感。

16123198

这学期课结束了,它带给我的信息量是巨大的,十分感谢每位授课的老师和幕后工作人员。在其他课堂,我们只能听见老师一个人的想法,只看到一种思维方式。"经国济民"课堂,面对同一个问题,来自不同专业背景的老师给我们带来不一样的声音,让我们感受到他们看问题的不同角度以及由此获得的不同结论。大学生不单单要记住老师教授的知识,而应该拥有自己的见解。

17120076

"经国济民"转变了我对于经济学的刻板看法,它教会我们从多维的角度了解中国经济,看待中国经济发展。顾老师说:"我们用中国话语解中国之谜,用文化逻辑解中国效率。"在此之前我理解研究物理或是研究化学需要很好的数学基础,但是从未想过原来经济学与历史、文化也会有如此紧密的联系。

17120199

"经国济民"为我打开了经济的一扇窗。之后,我会努力去打开经济的一道门。晓英老师说未来在于年轻人,老一辈付出无数血汗铸成的接力棒,终有一天会交接到我们年轻人手上。这已不仅仅停留在经济层面上了,我感受到这门课赋予的责任。正如她所说,"经国济民"只是为我们搭台,真正要在台上演绎的是我们。

17120346

房价涨跌背后还与银行、国家经济以及基础建设等相互联系,而这些都是我在上这堂课前从未想到过的。这正是通选课"大国方略"系列课的教育意义之一。"经国济民"这门课将我的视线从"线性代数"和"数学分析"中解放出来,站在更宏观的角度去思考当代中国乃至世界的经济问题。经国济民,是一种崇高的目标,我们作为当代大学生,更应该理性读懂中国,读懂中国经济,学会透过现象看本质,在思考一些复杂和宏观的问题时运用更长远的目光。

17120525

短短一个学期课结束了,我从一个坐着听、等着喂的高中生角色,转变成了一个跟着老师思考、寻找自己感兴趣内容的大学生角色。

17120552

这门课让我学会变换角度,多思维多方面地思考一个问题。老师们从历史渊源、文化程度和中外结合等方面来阐述我国经济谜团。他们将经济谜团拆分开来并各个击破,同时各部分内容又相互依赖、相互联系,是一个密不可分的整体。丰富的人文思想和社会内涵在这门课中都有深刻体现,我一直记得顾骏老师在"经国济民"Logo播出时兴奋激动的模样。他谈到Logo的设计灵感,谈到"玉"乃君子也,象征着身份地位、文化内涵和为人修养。课堂内外老师无处不在教我们——学会做人。

17122450

我收获的不仅仅是各个学科的知识,更重要的是看待社会的正确视角。我每周都特别期待周四晚上的到来。这门课,让我对中国道路更加有信心。知识是学不完的,而思维和能力才是最宝贵的东西。听大师讲课,自然会受他的科学思维的熏陶。这门课上,我学到了如何用辩证的方法去看待社会问题。每节课都听老师讲中国的故事,这使我对中国的道路产生了认同感。我认识到中国政府是一个高效、科学的政府,它的确能代表人民的利益,时刻思考着如何让人们的生活更加美好富足。我相信这种道路的认同会使我的人生更加顺畅。这门课给我最大的感受是老师们的敬业精神,只有你们这样不懈的努力才能带来一堂堂精彩绝妙的课。可以说,从小到大,这是我看到的老师准备得最充分的一堂课。为此,我倍加珍惜。我要借此机会向所有的老师表示感谢。而且我发现在这门课上,同学们都听得非常认真。很多人都在不停地做笔记。这充分反映了这堂课的容量之大,价值之大。每每回想起最后互动环节学生与老师精彩互动的场景时,我都禁不住为那种精彩而鼓掌。我要再次为"经国济民"点赞!

17123988

"经国济民"是我这学期选的最有大学风范的课程。我感受到了大学里百家争鸣的气息,很有意思。我感受到课程中的思政因素。它不像普通的思政课,它将政府的运作展现在我们眼前,使我对于中国政府的效率产生钦佩。原来,中国政府的高效率从古代就有了。"三驾马车""铁三角"和"铁公基"等体现了中国从改革开放到现在的40年里在经济领域不断努力的智慧。经济被带动上去就使得人民群众富裕起来,改善了人民群众的生活,也就是加强了政府的领导地位。这些在思政课上一掠而过的内容在"经国济民"课堂上被完美诠释。我更加为我所在的国家有这样强大的政府以及领导政府的中国共产党而感到自豪。

17123996

这里有顾骏老师别具一格独挑大梁的 Solo 秀,有顾晓英老师"项链模式"授课的身影,有毛雁冰老师浑厚的声线与精妙的概括词,有胡笑寒老师严密详细的数据对比带来的细致分析,更有聂永有老师信手拈来的经济学知识……每位老师都有他或她独一份的风格使我们深深地沉浸入课堂,并每周对它流连忘返。

17170032

　　我第一次来到"大国方略"系列课课堂。"经国济民"给我的第一印象用两个字来形容,那就是震撼,上课的内容震撼,教师的阵容震撼,还有同学们学习热情的震撼。如果有机会,我一定会选修"大国方略"系列课程的其他几门。

九、解读中国之谜意义何在？

上海大学乐乎论坛："经国济民"课程学生反馈

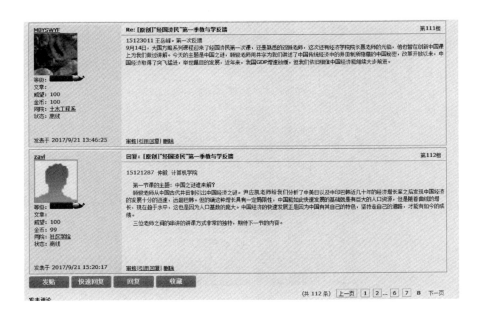

课程直击

"经国济民"课程班学生提交的学习小结

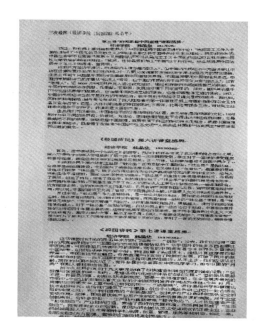

2017—2018学年冬季学期

学生说之一①

15121455

作为一名通信专业的学生,我关注更多的点在于解决实际问题以及创造实体财富。我关注大数据时代的发现,期待工业4.0带来的变革。"经国济民"带我从另一个角度思考问题,我关注的是经济与社会发展,我看到自己的用武之地在于何处,我看到了数据背后的时代推动力,我会永远带着使命感去学习。

15121720

中国经济发展到现在是非常成功的,其原因主要在于七八十年代开始的经济体制改革,还有政治稳定的因素,而中国经济发展模式可以用两个"优势"和两个"效应"来概括,这也就是谜底所在了。我对聂老师关于"效率"和"公平"的精彩回答印象尤为深刻。这个亘古不变的问题我之前也有所思考,但老师给出的答案来自全新的角度,让我耳目一新。"效率"和"公平"是相对的,我们不能追求绝对的效率或公平。比较理想的做法是,在追求经济发展的时候倾向于提高效率,而想提高人民福利和社会保障就得仰仗公平了。这种来回调节的过程,也反映了社会经济发展的情况。中国的经济发展取得长足进步,也必须坚持对可持续发展、生态文明建设的持续关注。环境问题给中国非常大的压力,我国也对症下药,一方面对有限自然资源统筹规划实现再分配,另一方面四级河长制、绿色

---

① 学生说之一源自2017—2018学年冬季学期"经国济民"课程班学生前三课的反馈:其一为随堂纸质反馈;其二为学生课程报告;其三为课程班微信群。原生态资料由尹应凯老师提供。

GDP的提出和推行也反映了我国对于生态文明建设的决心。
15122849

"经国济民"课程让我领略了经济的魅力。以经济学的前世今生、中国梦、"中国之谜"以及改革开放与经济发展新时代等为主题,老师以精确的数据与身边的事例深入浅出地进行到位的分析。近几十年来,中国经济以世界难以想象的速度飞速发展,不断超越,在世界的质疑与疑惑下,诞生了"中国之谜"。相信中国,同时也是相信我们这代人,能够创造出更加美好的未来。

15123425

中国独有的发展模式"中国之谜"以及可持续发展理念,贯穿其中的主语是中国。一词一句中逐渐搭建起了我对于经济腾飞中国的深刻认识,同时也触发我更深层次的思考。不同于普遍意义上的西方发展模式的中国特色发轫于怎样的历史背景?它与不同的历史要素之间有着怎样的因果链条?而这种链条又怎样影响了现如今的制度设计?从而触发了哪些社会问题?正如马克斯·韦伯在《新教伦理与资本主义精神》中曾细密地分析了新教精神与资本主义经济发展之间的关系,并强调精神文化对经济活动的影响力一样,在当下的这种大转型中,我们也应该重新思考在经济和社会发展中人的位置,重估社会价值更迭中的人的精神价值。只有当我们逐渐理解了我们的国家和社会是如何发展的,我们将要如何发展,才能更好地正视社会中的变动,理解变动中的影响要素。

15124100

中国经济发展在解决矛盾的同时也产生新的矛盾,换言之,矛盾在不同变化中推动着经济发展的方向。今天,有一种中国模式,中国经济之谜,我们感慨其中的神奇也担心一些问题的恶化。矛盾必然不会消失,只是一种动态的平衡。无论是公平与效率,还是生态与发展,我们不过是在寻求一种更好的平衡。中国是一个体量很大的国家,做乘法,问题会变得很大,做除法,成果会变得很小。我们是这个集体的一分子,解决自己的问题,贡献自己的丁点儿创意,便会促进中国不断进步,便是持续不断的中国奇迹。

15124587

"经国济民"令我印象最深刻的一个点,是老师提到的一个问题:"80年代的1万元,相当于现在的多少钱?"聂老师说应该是255万元,这与尹老师PPT上的答案不谋而合,原来这是北京师范大学钟伟教授的一篇权威学术研究报告中所讲到的。说实话,这个数字有点超乎想象。从80年代到现在,中国一直处于经济增长与人口红利之中,但在未来,这些持续性的利好会逐步消失,转型的压力带来更多的不确定性。在80年代,大部分购买还需要票证,并不是有钱就可以买,还有各种限制,因此当时拿着1万元能买的物品并不多,人们的购买力和现在也完全不同。正如聂老师所说,当时的1万元能买一间房或者一台电视机,这两者居然可以是一个价格,着实令人震惊。所以,我们不仅要参考通货膨胀率来估算当时的1万元在如今的价值,还应当按时代情况的差异和各种变量来一一分析,这样会更具有说服力。

16120003

中国之谜是什么,中国奇迹是怎么产生的,没有人知道最完整和系统的答案。但是它真真实实地存在着,让欧美的传统经济学理论为之困顿。其实中国发展之谜一是由于国家本身的底子起点比较低,但发展潜力巨大,可利用的劳动力资源充沛,二是中国政府积极的改革政策,实行市场的自由化、商品化,引进了资本和先进的发展技术,让资本的活力重生,并且配以宏观调控,国家对经济的适当干预控制住一些危机情况的发生。中国之谜是与时代机遇有关。虽不能完全破解它,但我们可以从一些角度窥见它的面貌。

16120559

2018年是中国改革开放的第40年。在这40年间,我们完成了人均GDP从155美元到超过8 100美元的飞跃。这一快速增长的背后,离不开的是1978年以来农村改革、对外开放等全方位的改变。最主要的是我们并没有照搬外国的理论,而是走出了自己的道路。

16121241

以前听多了一些国家很强的言论,却没有察觉到自己身边的巨大改变。在课堂上,让我感受最深的就是老师们神采飞扬、激情澎湃地讲述着我们国家的巨大发展。改革开放以来,中国经济"谜"一般的增长甚至成为许多大经济学家主要研究的内容。其实这并不是一个不可解释的谜。我们探索出适合我们国情的中国特色社会主义道路,我们坚持对内放开、对外开放,我们崇尚的可持续发展无一不解释了中国经济的快速发展。历史上,我们曾光辉灼灼,国民生产总值占全世界的三分之一。如今,我们以活跃的姿态昂首走在康庄大道上,用中国特有的外交方式与其他国家和平相处。回首过往,我们铭记着饱受侵略的日子,但我们绝不沉浸于悲痛,停滞不前。因为我们知道只有自己变强才是抵抗敌人最好的方式,并且我们不仅自强,我们还立志帮助那些相对较弱的国家,让我们的幸福漂洋过海。如此看来,中国惊人的发展有理可依。2018年,改革开放40周年,新时代,新突破,还看今朝!

16121499

作为理工科的学生,我感觉"经国济民"课程给我打开了一扇新的窗口,让我开始去关注并了解中国经济。

16121767

其实真正的"经国济民"不仅仅是着眼于经济,更是立足于经济的基础,了解与经济相关的各个方面,从而实现各方面的协调。

16121950

1993年,美国经济学家罗纳德·麦金农最先提出了中国之谜的说法。其后,越来越多的经济学家开始试图破解这个疑团。或许没有找到所有应该研究的资料,或许是用错了方法,这个问题仍然没有解决。西方经济学,究竟能不能应付所有的情况?如果可以的话,那么现如今的西方国家就应该是稳定发展的,那么又为何会发生金融危机呢?经济学,研究的是经济,而人在这其中就像一个个节点,连接在一起就成了一个庞大的系统。西方经济学的一个基本假设就是经济人假设,每个参与者都必须是完全理性的,以个人利益最大化为目标。中国改革开放那些年,从苦难中走过来的中国人,是否仍然符合这个假设?我没调查过。我只是觉得,我们国家走自己的路,才是成功的关键。

16122127

经过"经国济民"课程学习后,原本在我看来枯燥乏味的经济,却在几位老师讲解下品出些许味道。经济学上许多专业知识在尹应凯老师风趣讲解下信手拈来——一个汉堡在美国3美元,在中国12元人民币,1美元换4元人民币……这些简单生动的比喻总能让我时刻感觉到经济源于生活,生活处处有经济的影子。另一个让我记忆深刻的是经济学中公平和效率问题,中国经济在保持了高效率的同时牺牲了公平,这就是自改革开放以来中国经济快速增长的缘由。中国近年来也注意到民生的问题,逐渐开始转变,这也是十九大提及的民生保障和福利。在"经国济民"课堂上不仅有书本上已有的知识,更多的是引导我们关注我国现状以及生活已知问题。经国济民,有你有我。

16124575

　　曾经听老师说过,在中国历史上,即使在人类历史上,没有哪一个时期可以实现中国这短短 40 年的飞跃,这是一个奇迹。课程让我了解了中国近 40 年的飞跃、中国之谜以及经济学史。处于这段辉煌复兴历史中的我们,是幸运的,因为我们是这段历史的见证者、建设者甚至是开拓者。同样,飞速的发展也给我们带来了许多问题,我们的发展无法用西方经济学体系解释,这需要东方智慧,需要文化的传承。我相信,今后的我们一定可以用中华文化建造东方生态文明。

17120558

　　我重新认识了"经济"这个词,也明白了世界经济学者们对世界发展所做出的努力。这课不仅仅是让我们知道经济知识,更重要的是让我们知道中国是怎样发展起来的。只有知道我国的发展趋势和历程,我们才能找准未来发展的方向,积极推动国家继续稳步前进。

17123924

　　这门课最大的魅力就是充满了思想的交流。老师讲课的内容和对学生问题的回答,都能引发我对中国经济发展的思考。

17123926

　　三周时间,我对经济学产生了浓厚的兴趣,尤其是对经济学的历史。我认为所有其他学科的发展最终都能归结到经济学的发展,而经济学的发展也会反作用于其他学科。正如近年来的一个焦点话题——人工智能,它的出现与发展必将对人类社会产生极大的影响,部分工作会消失,新兴工种会出现,贫富差距会进一步拉开,这些都会作用于经济领域,而经济领域做出的一系列应对方式或许会对今后一段时间的社会产生影响。

学生说之二[①]

15121455

本次课程印象最深的一句话来自于晓宇老师的"我会在意他是否能将一件事情做到极致,我相信这背后一定有一种精神驱使着他"。在我们想着创业、想着财富累积的同时,不妨先问问自己,有没有将一件事情做到过极致?相信没有无缘无故的成功和机遇。

15121720

李靖老师以"何为创新"切入,引述了鲍莫尔、德鲁克等企业家的例子,还将创新进行分类。我对老师"科学研究型创新"的分类尤为认同,这也是推动社会发展的一大动力,虽然企业的创新依赖于自身的发展,但政府也应给予相应的支持与帮助。

15122191

创业是做自己最喜欢的事的一个过程,它是为了满足自己内心的一种获得感。如果在生命即将终止的时候,我回忆自己一生走过的路程,看我的人生是不是自己喜欢的那种——人在这个时候是不会骗自己的,尽管创业路上可能不是那么成功,但因为一直都是做自己喜欢的事,所以不会有任何遗憾,相反会含着笑离去。创业,别把自己太当一回事,因为可能越不把自己当回事,这件事就越简单,你的初心可能也就越纯粹。

16120514

就业形势越来越严峻,国家开始鼓励大学生创业,很多人也对此抱有

[①] 学生说之二源自2017—2018学年冬季学期"经国济民"课程班学生第四课及以后课程的反馈。原生态资料由尹应凯老师提供。

极大的热情,但是通过这次课程,我才知道创业并没有我想象中的那么容易,创业不仅辛苦,而且失败率极高。所以我觉得我们不该一毕业就跃跃欲试,而应该多积累资源与经验,才能降低创业的失败率。我们应当正视创业失败的情况,不能因为一次的失败就一蹶不振,应该勇于反思。

16121455

所谓"经国济民",即治理国家,普济万民。"经国济民"带给我的不光是各种知识点,更重要的是开阔眼界,让我能站在不同的角度去看问题,去思考。

16120003

这周的课伴着纷纷大雪,讲的内容也值得我们冒雪前来。于老师就像一颗炸弹,在他的管理学理论之下直接让我们对很多原有的价值观有了重新的认识。于老师之后讲到的印象管理颠覆了我们之前对于树立形象的看法,承担责任带来的消极性比推卸责任来得更大,反而是自卑的产物,并且更会带来他人的负面评价。印象管理强调我们的积极性比消极性重要,现实有时不像我们想象的那般。

17122210

如今国家经济快速发展,从而有了各方面的创业,可谓是大众创业!创业的精髓在于"创"字,有了这个字才可以撑起整个工程的灵魂。

17124458

如今大众创业,国家导向创业已经是时代的大趋势。创业是一次又一次的试错,通过不断的试错来提升自我的能力,同时积累下来的经验绝对是同龄人无法相比的。创业的过程更是一个创新的过程,创业需要把一个东西从"无"变成"有",而这个过程中会迸发出很多灵感。

16122119

回顾过去九周的"经国济民",我从一个对经济学懵懵懂懂的工科学生,也变得慢慢理解到,经济学的原理与方法一直存在于我们的生活中。这门课就像提供了一个门槛,让我能与经济学结缘。一学期的课中,最触动到我的,是关于公平与效率的探讨,让我了解到公平与效率是经济学上永恒的矛盾。老师给出了一个经典的解答:公平与效率并不是该向哪方绝对偏袒,而是要结合社会局势,在两者间轮替,达到动态的平衡。中国与西方各自注重的分别是效率和公平,但随着发展的推进,又会衍生出种种的问题,为此老师给出了大胆的推测,认为在不久的将来,中西方之间对效率与公平的偏重会发生颠倒。这使我惊叹于难以捉摸的社会运作中有着如此清晰可辨的规律。还有关于企业家的一节课，为我们破除了对企业家的刻板偏见，真正的企业家并非是利益的彻底追逐者，而是履行责任、敢于担当、服务社会的一群人，他们付出的努力是远超生活本身所需要的，为的正是心中永不熄灭的激情。在中国古代中，"经"指的是经纬天下，"济"指的是济国爱民。"经济"这个词语在古代所代表的就是圣贤君子的社会理想和抱负。"经国济民"这门课，不只是要开启我们对"钱"的关心，更是试图带给我们一种深重的社会责任感，知道经济与国民间的密不可分，知道中国如今经济形势的来之不易，也知道新的时代是属于我们现在的青年人，美好未来的建设需要的是我们每一个人热情的参与。

16123195

我本来是一个对经济类课程完全不感兴趣的人，但是"经国济民"课程名称着实吸引了我，就像尹老师的每节课结语"经国济民，有你有我"。对我影响最大的是王老师的短暂分享，他提到工作和事业与我们的关系："我们应该有一份属于自己的长远的事业，而不是把目光仅限于找一份工作。"

附录一 课程安排[①]

2017—2018学年秋季学期(第一季)

一、"中国之谜"谁来解?

时间:2017年9月14日晚6点
地点:上海大学宝山校区J102
教师:顾 骏 聂永有 顾晓英

[①] 2017年9月14日"经国济民"首轮开课,迄今已完成两轮。本书正文部分收录第一轮课堂内容和前两轮的部分学生反馈。附件列出两轮课程的每堂课主讲教师。首轮课堂主持人为上海大学社会学院顾骏教授。第二轮课堂主持人为经济学院副院长尹应凯。

二、中国政府的效率何来？

时间：2017年9月21日晚6点
地点：上海大学宝山校区J102
教师：顾　骏　詹宇波　陆甦颖

三、如何把握中国道理？

时间：2017年9月28日晚6点
地点：上海大学宝山校区J102
教师：顾　骏　顾晓英

四、"三驾马车"如何让中国经济高速发展?

时间:2017年10月12日晚6点
地点:上海大学宝山校区J102
教师:顾　骏　胡笑寒　毛雁冰

五、"铁三角"如何保障中国经济发展的高效率?

时间:2017年10月19日晚6点
地点:上海大学宝山校区J102
教师:顾　骏　尹应凯

课程直击

六、"铁公基"如何贡献于中国效率?

时间:2017年10月26日晚6点
地点:上海大学宝山校区J102
教师:顾 骏 尹应凯

七、房地产如何贡献于中国效率?

时间:2017年11月2日晚6点
地点:上海大学宝山校区J102
教师:顾 骏 聂永有

八、创新如何确保中国可持续发展？

时间：2017年11月9日晚6点
地点：上海大学宝山校区J102
教师：顾　骏　胡笑寒

九、解读中国之谜意义何在？

时间：2017年11月23日晚6点
地点：上海大学宝山校区J102
教师：顾　骏　陆甦颖　尹应凯　朱　婷　顾晓英

课程直击

附录二
金句集萃——来自教师[1]

顾　骏

- 经国：用经济的手段，争取国家强大；济民：通过国家政策，实现国民富庶。
- 中国效率：以最快速度实现国家强大和国民富庶的双重目标。
- "经国济民"让大学生以不同于经济学人的视野和思维来看待中国经济。
- 国与民的关系是中国传统经济思维的聚焦点。
- "民不加赋而国用饶"。
- "井田制"所孕育的中国智慧，是因为中国农民具有自负盈亏的胆量与魄力，而这种魄力就是在耕作时与天的博弈中练就的。
- "以工代赈"。
- "人是一根有思想的芦苇"。
- 最重要的不是问题的答案，答案固然重要，但更重要的是思考问题的角度。
- 古人云"三不朽"："立德、立功、立言。"
- 人生的意义取决于个人的价值观，有所得必有所失。追求安逸，就不要抱怨囊中羞涩；追求财富，就不要抱怨劳心劳力；追求不朽，就不要抱怨英年早逝。
- 大学生不能做移动硬盘：上课输入，考试输出，考完格式化。
- 我们时常会陷入一种思维缠绕，而这就需要我们尝试变换角度、

---

[1] 选自2017—2018秋季学期"创新中国"课程班学生期末小结。

思维和视野去看待问题。
- 我们应该学会变化角度看问题，从不同的角度看问题会得出不同的结论，看问题也会更加全面。
- "成功者是不受批评的"。
- "耕者有其田"意味着，国家需要的满足采取了符合农民需要的方式，国与民之间存在某种良性关系。
- 探究中国之谜，不为解释过去，而为服务未来。
中国效率无法用西方已有的理论来解释，解释中国还需要中国智慧和中国话语。
- 理解西方必须理解宗教，理解中国必须理解政府。
- 中国之谜的解答很复杂，希望在未来踊跃出很多的中国学派。
- 质疑一个人的问题，先质疑他的前提开始。

尹应凯

- "经国济民，有你有我"。
- "穷则变，变则通，通则久"。
- 预期是可以自我实现的。
- 国民幸福指数与基础设施建设正相关。
- 基础设施建设与中国经济的效率正相关，其中不仅有乘数效应，还有间接作用的效率效应和幸福效应。
- "铁公基"三者不是并列关系，而是子母关系——铁路公路等基础设施建设。

聂永有

- 货币超发引起了通货膨胀，而房价上涨可以吸纳多余资金。
- 高房价对于普通老百姓是有利的。
- 中国的问题，是你们年轻人应该思考的问题。

陆甦颖

- 中国政府的效率何来？历史的选择！

詹宇波

- 市场经济中,政府干预必不可少,但要高效,还得要抓准时机才行。

毛雁冰

- 全球化视野下,国际分工和专业化生产是经济规模扩张与生产效率提升的重要源泉,参与国际贸易,扩大了市场范围,同时提升了品牌竞争力。

胡笑寒

- 企业对创新的投资力度超过了国家或政府对创新的投资力度,我们面向未来要自主创新。
- 如果你的创新不能被模仿,或不值得被模仿,那么这个创新是没有意义的。
- 你学习中的痛点,你生活中的痛点,也是你创新的机会。

附录三
核心团队

课程策划： 顾 骏　顾晓英
课程负责人： 聂永有
课程组织与推广： 尹应凯　顾晓英

课程Logo设计：米乐

课程直击

附录四
教师风采①

顾　骏：上海大学社会学院教授，"大国方略"系列课程策划人和主讲，长期从事当代中国社会转型和文化变迁研究，担任民政部等党政部门决策咨询专家、中央电视台等各类媒体的特约评论员，为《中国教育报》等10多家报纸杂志撰写时政评论，担任"2010年上海世博会中国馆主题演绎深化工作小组"创意策划专家、中国电视艺术家协会专家。著有《人·仁·众：人与人的智慧》《犹太智慧：创造神迹的人间哲理》《传统中国商人智谋结构》《犹太商人的智慧》《流动与秩序》《活力与秩序》《和谐社会与公共治理——顾骏时评政论集》《大国方略》《创新路上大工匠》等，主持各类课题20余项。曾获"上海市第五届邓小平理论研究和宣传优秀成果奖（2002—2003）"一等奖，上海市第七届哲学社会科学优秀成果（2002—2003）"内部探讨优秀成果奖"，上海市第十一届中国特色社会主义理论研究和宣传优秀成果奖通俗读物（著作类）一等奖。2015年度获上海市教书育人楷模提名。领衔首批国家精品在线开放课程"创新中国"。获2017年上海市教学成果奖特等奖，2017年度上海大学校长奖。

---

① "经国济民"课程采取"项链模式"教学。首轮课程由上海大学社会学教授顾骏教授串联把握课程主线并担主讲。第二轮课程由上海大学经济学院副院长尹应凯副教授担任课堂主持串联课程主线。两轮课程已邀请20多位校内外嘉宾来到课堂。这里展示部分授课教师风采（按开课时间先后）。照片全部取自"经国济民"课堂。

附录四　教师风采

顾晓英： 法学博士，研究员。上海大学教务处副处长，上海高校思想政治理论课名师工作室（2016—2018年）——"顾晓英工作室"主持人。率先启用并坚持思政课"项链模式"教学法。2014年起迄今，联袂担任"大国方略"系列课程策划、课堂教学主持和课程运营。联袂领衔首批国家精品在线开放课程——"创新中国"，领衔上海市精品课程1门，主持教育部人文社会科学研究课题2项。著有《一身一任：高校思想政治理论课教师主体性研究》，编著《叩开心灵之门——思想政治理论课"项链模式"教与学实录》《大国方略课程直击》《创新中国课程直击》等。获2017年上海市教学成果奖特等奖，2017年度上海大学校长奖。

聂永有： 上海大学经济学院常务副院长（主持工作），教授，博士生导师，上海大学产业经济研究中心主任，中国高校商务管理学会常务理事兼副秘书长，"经国济民"课程负责人。主要研究领域为产业经济、资源与环境经济。近年来，主持中国科协战略规划项目、教育部人文社会科学规划项目、上海市政府决策咨询重点课题、上海市哲学社会科学规划课题等多项。出版《大国崛起的新政治经济学》等专著、编著、教材、译著20多部，发表学术论文50多篇。获上海市哲学社会科学优秀成果著作类一等奖等多项奖励，获2017年上海市教学成果奖特等奖。

尹应凯：上海大学经济学院副院长，经济学博士，博士生导师，"经国济民"课堂主持人。主要研究方向为国际金融、货币银行学、新金融。曾经在《国际金融研究》《管理世界》《世界经济研究》《国际贸易问题》等国内权威及核心期刊、SSCI期刊发表论文20余篇。主持国家社科基金项目1项，主持省部级项目5项。获得"上海大学优秀青年教师""上海大学十佳导师""上海大学经济学院优秀导师标兵"等称号。2013年获上海大学青年教师课堂教学竞赛一等奖。

课程直击

詹宇波：上海大学经济学院经济系副教授，硕士生导师，MBA专业导师，复旦大学中国经济研究中心兼职研究员，上海市集体经济研究会会员。曾访问加拿大阿尔伯塔大学（2015）、韩国庆南大学（2011）、日本大学（2008）、日本早稻田大学（2004）等。在《管理世界》《世界经济》《中国人口科学》《世界经济文汇》和 *China & World Economy* 等学术杂志发表论文多篇，并有时评和杂文散见于《中国社会科学报》《东方早报》《中国经济报告》《经济学家茶座》等报刊。主持国家自然科学基金面上项目、上海市哲学社会科学规划一般课题、上海市教委全英文示范课程项目和校级课题，参与多项国家级和省部级课题研究。曾为上海、银川、徐州、舟山等多地政府和企业提供咨询建议。

陆甦颖：华东师范大学历史学博士，上海大学经济学院党委书记、副教授、硕士生导师。长期从事世界经济史的教学。主要研究领域为美国经济史、国际关系与贸易政策。近年来，主持参与了国家社科基金、上海市政府决策咨询课题、上海市教委阳光课题项目以及委托横向课题等多项。出版《经济衰退的历史答案》等专著，参编《美国通史（第四卷）》等多部著作，翻译《世界文明史（第一卷）》等多部作品，在《国际贸易问题》《经济理论与经济管理》《华东师范大学学报》等期刊发表学术论文多篇。

附录四 教师风采

胡笑寒：上海大学悉尼工商学院教学院长，博士，副教授，硕士生导师，上海大学澳大利亚研究中心副主任。主要研究领域为产业创新与转型、创业教育与发展。近年来，主持国家社会科学基金项目，参与国家自然科学基金项目以及企业咨询项目多项。发表论文40余篇，编写出版《跬步集》《澳大利亚研究新进展》等4部著作。曾获上海市育才奖、上海市教学成果奖。

毛雁冰：德国奥尔登堡大学经济学博士。原悉尼工商学院副院长，现任上海大学经济学院副院长，副教授，硕士生导师。主要研究领域为发展经济学、劳动经济学、国际经济关系。已在《财经研究》《中国人口资源与环境》《改革》《山东社会科学》《华东经济管理》《图书馆论坛》《新疆师范大学学报》等中文核心期刊发表学术论文10余篇。先后主持教育部留学回国人员科研项目、文化部科研创新项目、上海市教委科研创新项目、教育部人文社会科学研究规划基金项目，参与国家自然科学基金青年项目和面上项目。

沈 瑶：上海大学经济学院教授，博士生导师，原任经济学院院长。主要从事国际贸易理论与政策、贸易政策与产业政策协调、WTO等领域的教学和研究。主讲"国际贸易理论与政策""WTO与中国""中国对外贸易"和核心通识课"生活中的经济学"等课程，曾获宝钢优秀教师奖和上海市教学成果奖一等奖。先后主持国家社会科学基金、国家自然科学基金、省部级重大课题等各类研究课题近20项，发表专业研究论文著作译著和教材50多篇（部），曾获安子介国际贸易优秀著作等学术奖项。担任全国世界经济学会常务理事、全国高校国际贸易学科协作组常务理事、上海世界经济学会副会长、上海国际贸易学会副会长等学术兼职。

陈秋玲：上海大学社区学院副院长，经济学院教授，博士生导师，区域经济学科带头人，产业经济研究中心副主任，中国城市经济学会学科建设委员会常务理事。主要研究领域为城市与区域经济、海洋经济、产业经济。发表学术论文40余篇，出版著作教材20余部。主持国家级、省部级及其他科研项目40余项。曾获得中国理论创新成果一等奖（2001），上海市育才奖（2007），宝钢优秀教师奖（2014），上海市政府决策咨询三等奖（2012），上海市哲学社会科学优秀研究成果一等奖（2014）、二等奖（2012）和三等奖（2012），上海市大学生暑期社会实践优秀指导教师（2015），上海市"十三五"规划前期重大问题研究公开征集课题成果奖二等奖（2016）等。

附录四 教师风采

镇　璐： 上海大学管理学院副院长，教授，博士生导师。教育部青年长江学者、国家优秀青年科学基金获得者、上海市青年拔尖人才、上海市东方学者特聘教授、上海市曙光学者。1999—2008年就读于上海交通大学，获学士、博士学位；之后在新加坡国立大学从事了两年多博士后研究。2011年起任职于上海大学管理学院，担任讲师，半年后破格为副教授，一年后破格为教授。先后主持包括三项国家级课题在内的13项各类研究项目。先后受邀担任四本SCI/SSCI国际期刊的副主编和编委。

许春明： 上海大学法学院副院长、知识产权学院院长，教授，博士生导师。德恒律师事务所兼职律师。美国芝加哥—肯特法学院访问学者。首批全国知识产权领军人才、国家知识产权专家库专家，商务部企业知识产权海外维权援助中心专家库专家。中国知识产权法学研究会常务理事、中国科技法学会常务理事、上海市法学会自贸区法治研究会副会长、复旦大学知识产权研究中心特邀研究员、上海市商标协会专家委员会委员、上海版权纠纷调解中心调解专家、上海市执业经纪人协会副会长。上海市知识产权教育高地建设项目共同负责人，上海大学"大国方略"系列课程团队成员。获2017年度上海市教学成果奖特等奖、2007年上海市育才奖。已发表学术论文30多篇，出版专著、教材5部，主持完成各级科研项目近30项。

于晓宇： 上海大学教授（破格），博士生导师，研究兴趣为创业、创新与战略。1999—2006年在吉林大学管理学院获学士、硕士学位；2006—2010年在上海交通大学安泰经济与管理学院获博士学位。2010年在上海大学管理学院任教，历任讲师、副教授（2012）、教授（2015）、战略研究院副院长（2017—）、工商管理系副主任（2015—）。2011年和2013年分别在瑞典Jonkoping University国际商学院、美国Texas Christian University尼利商学院做访问学者。入选上海市晨光学者（2011）、曙光学者（2015）、浦江人才（2015）、青年东方学者（2016）、上海市青年拔尖人才（2017）等人才计划，获上海大学优秀青年教师（2012）、上海大学青年教师课堂教学竞赛一等奖（2015）、上海大学年度科研创新贡献奖（2015）、全国百篇优秀管理案例（2014、2015、2016、2017）、上海大学"我心目中的好导师"（2016）、上海市育才奖（2016）、宝钢优秀教师奖（2017）、霍英东教育基金会第十六届高校青年教师二等奖（2018）等。已主持国家自然科学基金、上海市人民政府决策咨询研究重点课题等项目10余项；骨干负责国家高端智库重点课题、中国工程院咨询研究项目等智库项目。在JBR/IMM/IR/TFSC/等SSCI国际期刊发表论文20余篇，在《管理科学学报》、《管理世界》等中文期刊发表论文40余篇，任*Academy of Management Perspectives*、《工业工程与管理》等期刊编委。担任"上海高水平地方高校创新团队"带头人（2017—）、兼上海市行为科学学会副会长（2016—）、上海市商业经济学会理事（2017—）、中国管理现代化研究会管理案例研究专业委员会委员（2017—）、国家自然科学基金通讯评议人、全国百篇优秀管理案例函审专家、中国工商管理国际最佳案例奖现场会评专家等学术兼职。

2017—2018学年冬季学期主讲教师及课堂合影[1]

第一课　2017年12月14日　聂永有　陆甦颖　尹应凯

第二课　2017年12月21日　詹宇波　赵金龙　尹应凯

---

[1] 主讲教师及课堂合影照片由尹应凯老师提供。

第三课　2017年12月28日　尹应凯　朱　婷

第四课　2018年1月4日　陈秋玲　许玲丽　尹应凯

附录四　教师风采

第五课　2018年1月11日　沈　瑶　王学斌　尹应凯

第六课　2018年1月18日　巫景飞　官文宾　尹应凯

课程直击

第七课　2018年1月25日　于晓宇　李　靖　尹应凯

第八课　2018年2月2日　镇　璐　许春明　尹应凯　顾晓英

附录四　教师风采

第九课　2018年3月1日　胡笑寒　帅　萍　尹应凯

第十课　2018年3月8日　尹应凯　陈秋玲

课程直击

附录五
新媒体推广

"顾晓英工作室"公众号，微信号：gxy-studio

微信扫一扫
关注该公众号

附录六
在线课程

2017年9-11月,"经国济民"在线课程已经由超星集团录制并制作尔雅在线开放课程。敬请关注,欢迎选课。

附录七
项目和基金①

1.《经国济民——中国之谜中国解》，2018年度上海高校服务国家重大战略出版工程资助项目，顾骏，2018年。

2.上海高校思政课名师工作室"顾晓英工作室"（2016—2018），顾晓英，2016—2018年。

3.高校课程思政教学科研示范团队之上海大学"同向同行"系列课程顾骏团队，2018年。

4.全员育人："同向同行"的平台设计与教师组织——以"大国方略"系列课为例，2017年度教育部人文社会科学研究项目之"思想政治工作专项"，顾骏，2017年。

---

① 不完全统计，不含校级项目支持。

附录八
媒体报道精选[①]

上海大学开设"经国济民"课 带90后解读"中国之谜"

许　婧

"中国之谜谁来解？""中国效率何来？"在上海大学14日晚间的"经国济民"课程课堂上，来自上大经济学、社会学等领域的"明星教授"与200多位90后大学生一起，共同解读"中国之谜"，寻觅"中国之谜"的最终谜底。

改革开放以来，中国经历了高速经济增长，成为世界第二大经济体。从一个落后的农业国家发展为"世界工厂"，并向"中国智造"和"中国创造"迈进，中国并未按照西方所谓的标准模型进行制度转型，西方主流政治经济学无法解释中国发生的这种增长奇迹，这种现象由此被西方经济学界称为"中国之谜"。

随着当晚"经国济民"的开讲，曾经备受学生追捧的上海大学通选课"大国方略"，正式结出"五朵金花"。从2014年首推的"大国方略"课程、2015年延伸的"创新中国"课程、2016年的"创业人生"和"时代音画"，及至"经国济民"，都延续着"大国方略"最初的设想：通过多学科知名教授联合授课，激发"头脑风暴"，让年轻的学生能理性读懂中国，更了解中国、了解中国梦乃至亚太梦。

课程伊始，上海大学经济学院常务副院长聂永有以世界普遍关注的中国经济何以能够高速发展的"效率之谜"为切入口，对当代中国经济发展的重

[①] 选取2017年9月迄今"经国济民"课程的部分社会媒体报道，按发表时间先后排列，并标注出处。

大策略在学理层面上做出解读，聂永有认为中国经济学者应当构建中国的经济学话语体系，从中国的历史传承和文化视角解读中国之谜。

"在吸纳西方经济学研究优秀成果的同时，着力引入中国经济学的视野和话语，展示中国经济发展的整体结构和内在逻辑，阐明中国道路的文化道理，帮助大学生形成关于中国学科话语的意识，引导他们未来的研究取向和理论旨趣。"聂永有说。

上海大学教务处副处长、"大国方略"系列课程策划人之一顾晓英告诉记者，"经国济民"是一门面向本科生的通识课，属于"大国方略"系列课程之五，包括另一位系列课程策划人、上海大学社会学教授顾骏在内的课程团队希望这门课程的主要教学目的是实现中国经济发展经验进课堂，中国传统经济思维和思想进课堂和中国经济学话语进课堂。

顾骏表示，课程注重发掘中国传统经济思想的内在智慧，而选择"国民关系"作为解读当代中国发展策略的主线，展示历史上中国通过制度安排，激发个人活力，实现经济繁荣的思路和做法，则是希望能扩展学生对中国固有的经济思想和经济思维的感受与认知，提高文化自信。

中新网http://finance.chinanews.com/gn/2017/09-14/8331357.shtml

上海大学课堂思政品牌"大国方略"开出第五个系列 "经国济民"用中国话语来解读"中国之谜"

彭德倩

"西方看我们是个谜。"18时30分，上海大学J教学楼102室，课堂思政品牌"大国方略"近日推出的第五个系列"经国济民"开课，3名授课老师之一顾晓英的第一句话从"谜"开始。

从一个落后的农业国家发展为"世界工厂"，并向"中国智造"和"中国创造"迈进，中国并未按照西方所谓的标准模型进行转型，西方主流政治经济学无法解释中国发生的这种增长奇迹，这种现象由此被西方经济学界称为"中国之谜"。新学期开出的由社会学专家、思政教育家和经济学专家合作的新课，尝试以世界普遍关注的中国经济何以能够高速发展的"效率之谜"为切入口，开启学生的思考之旅。

学经济，从如何写"井"说起

"在我以前的认知中，'经济'一词，不过是满足自我物质需求的定义，但在上课中就逐渐明白那种想法太过狭隘和'小我'，仿佛推开了新的大门……"这段课程反馈留言，来自上海大学电影学院一年级新生陈妍。系列课程策划人、社会学院教授顾骏，市思政课名师顾晓英和经济学院常务副院长聂永有联袂，与200多位90后大学生一起，用中国话语破解"中国之谜"，阐明中国效率背后的中国道理。

聂永有从"经济"词义到经济学理论发展主要脉络，抛出他对"经国济民"的理解。他点开中美日以印巴韩等GDP统计数据，系统地分析了多个国家、多个时期的数据及其背后机理。看似单调的数据背后有着资源环境、人口红利、产业结构布局、房价等当下热门的经济问题。他对当代中国经济发展的重大策略作出解读，引导学生积极看待中国的经济发展和社会进步。

顾骏出其不意地向学生提出问题：如何写"井"，如何理解古体"井"字中间有一点？他浅入深出从古体"井"字的含义入手，剖析中国古代土地制度的内在逻辑，中国传统经济思维在调动个人积极性、努力创造财富方面的别具匠心。

顾晓英讲述何以西方解释不了中国的效率之谜，因为中国的经济转型，既没有采取"休克疗法"，没有推行全面私有化，没有弱化政府的职能，也没有简单采取西式的选举政治，所以，无法在西方的理论框架内解释中国发展的效率，解释中国还需要中国智慧和中国话语。

"如同3D电影一般的课"

"听课，感觉像在看3D电影一样。"坐在教室第一排的西安小伙子高祥说着自己的听课感受。一年级刚进校，对"大国方略"系列课程慕名已久，选课时却因为太火爆没选上，他依然早早来此"抢"第一排旁听。

"一堂课有两个平行的学科视角，让我看问题更加立体。"他这样解释"3D电影"："聂教授从各个国家GDP的分析，说到国家经济历史发展的各个

节点及当时的政策,我觉得仿佛给了我一只'经济的眼睛';顾教授则从社会学及政治大背景来解读,好像一只'文化的眼睛'……在一堂课上,这样的体验,也让我进一步体会到自己原先思维的不足,怎样让自己看待问题更具思想性、人文性、辩证性,似乎要学习的还有很多。"

对此,顾骏表示,因为课程目标并不是单纯的经济学知识传递,而是注重发掘中国传统经济思想的内在智慧,因此,他选择"国与民的关系"作为解读当代中国发展策略的主线,展示历史上中国通过制度安排激发个人活力,实现经济繁荣的思路和做法,希望能扩展学生对中国固有的经济思想和经济思维的感受与认知,提高文化自信。

顾晓英说,作为课程思政教学改革整体试点高校,上大继续做大做强"大国方略"系列课。"经国济民"是团队精心打造的一门新课:它既是"大国方略"系列课之五,同时隶属学校通识教育课程体系之"经济发展与全球视野"模块,实现了"大国方略"系列课"全人"培养的闭环。

《解放日报》2017年9月21日(7)

紧扣主题 量身定做 启迪未来
上海大学思政课为什么"红"

吴振东 白少波 张千千

"思政课居然可以这么上!"近日,上海大学一堂"时代音画"通识课上,该校社会学院和音乐学院教授联袂,用音乐旋律和历史回顾,声情并茂地讲授了"国歌如何一路走来"。整个课堂学生爆满,"蹭课族"只能席地而坐。不少学生听完课后表示,原以为沉闷闷的课堂,没想到却是热腾腾,收获满满,时间也转瞬即逝,总感觉没听够。

思政课如何上才能"圈粉"?如何发挥思政课在高校立德树人的主渠道作用?上海大学探索出了全新模式:教师告别单兵作战,"项链模式"力促跨学科联袂授课;量身定做课程,价值引领与专业知识结合,为青年打好中国底色,引导青年逐梦新时代。

"国歌"里聆听时代脉搏

从晚清时期的《普天乐》《颂龙旗》等带有礼乐色彩的"国歌",到雄浑激昂的《国民革命歌》《义勇军进行曲》,记者看到,"时代音画"整堂课在两位教授的配合下,话题导入、课堂主讲、现场问答、网上互动等各环节如行云流水。讲授者不仅饱含知识,更引领听众感受国家、民族的时代发展脉搏。听课者热情参与,学生乐团还现场演奏了《义勇军进行曲》,全场齐唱国歌,把课堂气氛引向高潮。

"《义勇军进行曲》展现了中国近代史上那段血与火的淬炼,最能体现民族的斗志和决心。"上海大学本科生方晓听完课激情满满地说,今天的大学生们要勇敢地走在时代前列,成为奋进者和开拓者。

有听课教师表示,课程看似讲授文艺作品,其实紧扣时代进程中的中国主题。音乐教授带来了"艺术的眼睛",社会学者带来了"文化的眼睛",共同使思政课堂更具思辨性、人文性、趣味性。

课程主策划人之一、上海大学教务处副处长顾晓英表示,课堂成功的背后是授课团队的艰苦付出,每次开讲之前,课程负责人、主持人与主讲教师都要一起备课,对教学内容、流程和方法进行精心设计,反复修改教学方案。

为90后量身定做思政课

据了解,今年初开课的"时代音画"是上海大学"大国方略"系列思政课的组成部分。从2014年始开设"大国方略",到2015年的"创新中国",2016年的"创业人生",2017年的"时代音画""经国济民",这些为"90后"大学生量身定做的"中国课",开一门火一门,"蹭课族"席地而坐成为课堂一景。

"中国进入新时代,青年站在什么历史方位?如何迎接已经开启的新时代?思政课必须回答好这个问题。"顾晓英表示,"大国方略"系列课正是从当今社会热点和大学生迫切需求入手,努力引领他们感受时代、读懂中国、养成家国情怀,在民族未来中看到个人的前途与责任。

"大国方略"课为什么能"红"?告别思政课教师"单兵作战",让经济、历史、法学、文化、国际关系等各领域教授、学科带头人联袂授课,无疑是

其"圈粉"的重要砝码。顾晓英称其为"项链模式"——思政教师如同"项链"基底，课堂上起着穿针引线、主持串场、引导互动的作用；名家大咖则是镶嵌其上的"钻石"，他们从各自专业背景出发，带给学生不同的学科视角，形成了育人的集成效应。

让思政课成为青年人生之路的指明灯

"上大学前，我生活在湖北恩施土家族苗族自治州的一个小山村，后来考上大学、读研究生、出国深造。我深深感到，正是得益于国家的快速发展，才能实现自己更大的抱负。"不久前的"创新中国"课上，应邀授课的国家杰出青年科学基金获资助者张建华的一番讲述，让在场学子深受感染。"我相信，在这个时代，靠着自己的努力，一定能大放异彩。"有学生说道。

本科生肖畅在"创新中国"课上聆听了上海大学无人艇团队的科研经历后，在感言中写道："我为整个团队迸发出的团结和朝气而感动，正如老师们所说'要有胸怀为国的心，才能成就大事业'，这句话将成为我创新之路上的指明灯。"很多学生表示，课程带给我们的不仅是理论知识，而是共鸣感以及对未来的思考。

上海高校思想政治理论课教学改革协作组组长忻平认为，通过集体备课、共同教研，"大国方略"系列课真正做到了价值引领与专业知识的结合，做到了形散神聚。不同专业背景、不同人生阅历的教师，在同一课堂回答同一主题，把道理融入故事，用故事讲清道理，以道理赢得认同，使思政课的说服力感染力不断增强。

上海市教委表示，正在积极开展试点，支持高校推出更多"中国系列"品牌课程，使之成为广受师生欢迎的"热门课"，并将通过推进集体备课等多种形式，把十九大精神全面融入多样化的思政课堂教学之中，努力为当代青年打好中国底色，逐梦出彩新时代。

(参与采写：牧小湘、王钟毅)

新华社上海12月25日电，《新华每日电讯》2017年12月26日（1）

大学思政课为啥火了?

吴振东　白少波　张千千

"思政课居然可以这么上!"近日,上海大学一堂"时代音画"通识课上,该校社会学院和音乐学院教授联袂,用音乐旋律和历史回顾,声情并茂地讲授了"国歌如何一路走来"。整个课堂学生爆满,"蹭课族"只能席地而坐。不少学生听完课后表示,原以为沉闷闷的课堂,没想到却是热腾腾,收获满满,时间也转瞬即逝,总感觉没听够。

思想政治理论课(思政课)如何上才能"圈粉"?如何发挥思政课在高校立德树人的主渠道作用?上海大学探索出了全新模式:教师告别单兵作战,"项链模式"力促跨学科联袂授课;量身定做课程,价值引领与专业知识结合,为青年打好中国底色,引导青年逐梦新时代。

互动参与掀热潮

从晚清时期的《普天乐》《颂龙旗》等带有礼乐色彩的"国歌",到雄浑激昂的《国民革命歌》《义勇军进行曲》,记者看到,"时代音画"整堂课在两位教授的配合下,话题导入、课堂主讲、现场问答、网上互动等各环节如行云流水。讲授者不仅传授知识,更引领听众感受国家、民族的时代发展脉搏。听课者热情参与,学生乐团还现场演奏了《义勇军进行曲》,全场齐唱国歌,把课堂气氛引向高潮。

"《义勇军进行曲》展现了中国近代史上那段血与火的淬炼,最能体现民族的斗志和决心。"上海大学本科生方晓听完课激情满满地说,今天的大学生们要勇敢地走在时代前列,成为奋进者和开拓者。"

有听课教师表示,课程看似讲授文艺作品,其实紧扣时代进程中的中国主题。音乐教授带来了"艺术的眼睛",社会学者带来了"文化的眼睛",共同使思政课堂更具思辨性、人文性、趣味性。

课程主策划人之一、上海大学教务处副处长顾晓英表示,课堂成功的背后是授课团队的艰苦付出。每次开讲之前,课程负责人、主持人与主讲教师都要一起备课,对教学内容、流程和方法进行精心设计,反复修改教学方案。

课程直击

量身定做"中国课"

据了解，2017年年初开课的"时代音画"是上海大学"大国方略"系列思政课的组成部分。从2014年始开设"大国方略"，到2015年的"创新中国"，2016年的"创业人生"，2017年的"时代音画""经国济民"，这些为90后大学生量身定做的"中国课"，开一门火一门，"蹭课族"席地而坐成为课堂一景。

"中国进入新时代，青年站在什么历史方位？如何迎接已经开启的新时代？思政课必须回答好这个问题。"顾晓英表示，"大国方略"系列课正是从当今社会热点和大学生迫切需求入手，努力引领他们感受时代、读懂中国、养成家国情怀，在民族未来中看到个人的前途与责任。

"大国方略"课为什么能"红"？告别思政课教师"单兵作战"，让经济、历史、法学、文化、国际关系等各领域教授、学科带头人联袂授课，无疑是其"圈粉"的重要砝码。

顾晓英称其为"项链模式"——思政教师如同"项链"基底，课堂上起着穿针引线、主持串场、引导互动的作用；名家大咖则是镶嵌其上的"钻石"，他们从各自专业背景出发，带给学生不同的学科视角，形成了育人的集成效应。

品牌课程引共鸣

"上大学前，我生活在湖北恩施土家族苗族自治州的一个小山村，后来考上大学、读研究生、出国深造。我深深感到，正是得益于国家的快速发展，我们才有机会实现自己更大的抱负。"不久前的"创新中国"课上，应邀授课的国家杰出青年科学基金获资助者张建华的一番讲述，让在场学子深受感染。"我相信，在这个时代，靠着自己的努力，一定能大放异彩。"有学生说道。

本科生肖畅在"创新中国"课上聆听了上海大学无人艇团队的科研经历后，在感言中写道："我为整个团队迸发出的团结和朝气而感动，正如老师们所说'要有胸怀为国的心，才能成就大事业'，这句话将成为我创新之路上的指示灯。"很多学生表示，课程带给我们的不仅是理论知识，还有共鸣感以及对未来的思考。

上海高校思想政治理论课教学改革协作组组长忻平认为，通过集体备课、共同教研，"大国方略"系列课真正做到了价值引领与专业知识的结合，做到了形散神聚。不同专业背景、不同人生阅历的教师，在同一课堂回答同一主题，把道理融入故事，用故事讲清道理，以道理赢得认同，使思政课的说服力感染力不断增强。

上海市教委表示，正在积极开展试点，支持高校推出更多"中国系列"品牌课程，使之成为广受师生欢迎的"热门课"，并将通过推进集体备课等多种形式，把十九大精神全面融入多样化的思政课堂教学之中，努力为当代青年打好中国底色，引领他们逐梦出彩新时代。

《人民日报（海外版）》2018年1月2日

上海高校构筑"思政意识"全覆盖体系

坚持教书与育人统一，从专职到人人，各门课都"守好一段渠、种好责任田"

姜　澎　樊丽萍

1月3日晚，复旦大学航空航天系谢锡麟教授的数学分析课，从18时30分一直上到了22时15分，这堂面向200多名学生的大课迟迟不能结束。"偏微方程就仿佛我们每个人的人生，充满了矛盾，但只要抓住主要矛盾，问题就迎刃而解。"这节课上讨论的不止是数学，还有当代95后大学生的人生。其实，每周三次的讨论课，都是谢锡麟为学生解决学业难题和人生困惑的时间。

在沪上高校，像谢锡麟这样的老师还有很多。高校是教书育人之所，而能否实现"育人"的目标，取决于每一位老师在课堂上讲什么、在课后做什么。构建"大思政"格局，在上海各高校，除了专职思政老师通过思政理论课这一主阵地发挥育人作用，眼下，一流科学家、知名教授也都已成为思政教育的"主力军"，从而在高校实现思政意识全覆盖。

思政意识融入课程，辐射整个育人体系

刚刚过去的2017年，上海深入贯彻落实全国高校思想政治工作会议精神，全面推进"课程思政"教育教学改革，构建以思政理论课为核心、以综合素养课为支撑、以专业教育课程为辐射的"三位一体"思想政治教育课程体系。目前，整体试点校12所、重点试点校12所、一般试点校34所，基本实现全

市高校全覆盖。

在复旦大学，推动学校所有课程都发挥育人功能、让所有教师都负起育人职责成为学校党委主抓的一项重点工作。针对如何发挥好课堂育人主渠道作用，学校专门进行了分析研究，并以重点任务形式，将其纳入学校"双一流"建设总体方案。学校决定，大力推进各专业全覆盖的"三十百"示范工程，即建设三个课程思政示范专业、二十门课程思政示范在线课程、一百门课程思政示范专业课程。到2020年，复旦大学74个专业，每个专业至少建设两门示范专业课程。

"将思政融入课程，本质上也是科学的思维方法。关系着培养什么样的人，学什么样的知识技术，养成什么样的事业观。推出新举措，就是要发挥专业课程本身的特色，提炼爱国情怀、法制意识、社会责任、人文精神等要素，激发学生认知、情感和行为的认同。"复旦大学相关负责人表示，该校目前已推出首批六门全校示范公开课，包括经济学院石磊教授的《经济与社会》、上海医学院彭裕文教授等的"人文与医学"、国际关系与公共事务学院郑长忠副教授的"中国社会政治分析"、物理系蒋平教授的"环境与人类"等。

在上海大学，除了传统的思政理论课，面向全体学生的通识选修课五朵"思政金花"甚是夺目。从2014年11月借通识课平台探索将党中央最新要求在第一时间带进课堂而开设"大国方略"课程开始，上海大学迄今已打造出"创新中国""创业人生""时代音画""经国济民"等课程，开一门火一门，由此形成课程系列。

将显性教育与隐性教育相结合，把高校育人工作做深、做细，教师的思政意识也非常重要。这组课程的主策划人之一、上海市高校思政课名师顾晓英告诉记者，从当初"大国方略"开课试水，到目前五门课同时开设，学校授课团队的成员一直在扩容。

从校长、院士到长江学者、国家"杰青"获得者……现在，学校最大牌的教授都主动请缨要来上"思政课"。

大学教师，人人都是"思政志愿者"

从思政教育开出选修课，到综合素养课程改革，再到所有专业课程的育人改革，上海高校都在进行创新探索，推动思政意识全覆盖。

对于同济大学德语专业研一女生、学生党员史若彤来说，阅读并翻译德文原版《共产党宣言》是一种愉快的学习体验。在同济大学外国语学院德汉科技翻译课上，学生不仅学习科技翻译技巧，还研读原版马克思主义经典著作《共产党宣言》和《资本论》。

上海交通大学将思政触角延伸到学生的实践场所，将育人环节覆盖到学生的实践环节。学校通过"时空交融式现场教学"，建设了与教学内容紧密相关的19个现场教学点。与上海汽轮机厂、中国（上海）创业者公共实训基地、云计算创新展示中心、国歌展示馆、院士风采馆等现场教学点，共建上海交通大学思政课实践教学基地。此外，学校还与上海汽轮机厂合作，共建"上海汽轮机厂和上海交通大学思政课实践教学基地"，重点开展"劳模精神"、党建及科技创新、企业体制改革专题教育。

在上海中医药大学，基础医学院人体解剖学教研室教师张黎声把"人体解剖课"专业课，上成了让学生一辈子难忘的人生大课。课程的第一课就从讲述"大体老师"（即遗体）捐赠的动人故事开始，张黎声组织学生参与遗体捐献、接收的过程和对"大体老师"进行动手解剖、研究的过程，在专业课程上加载德育模块，将德育融合于专业课程的教学过程之中。

推进思政意识全覆盖，制度设计提供支持

要实现思政意识全覆盖，需要的不仅仅是课程以及有思政意识的老师，更需要有制度设计，为高校教师积极参与思政工作，精心育人提供支持。

上海交通大学在每个学院构筑"课程思政"体系，从制度层面予以保证。在该校，每门课都要在学院内遴选出2—3位优秀专职教师，这些老师参加本科生和研究生思政教育改革，并且根据年度考评结果给予绩效奖励。目前，学校已经对院系制定了相关考核政策。

以"开门办思政"为切入点，上海海事大学通过校级层面的制度设计，要求校内敞开教研室、实验室、寝室、机关处室之门，着力形成育人协同机制。这所以航海为特色的院校一方面坚持德育教育的优良传统，通过在学生的教学实习船"育明轮""育锋轮"上建临时党支部，在海上航行期间加强政治理论学习，为展现国家良好形象提供思想保证。此外，学校还主动将青年学生成才与区域发展紧密结合，不定期地邀请临港地区的专家学者进校园讲党课，讲述临港地区开放建设在一片滩涂上从无到有、从"冷清"到"火热"，从中国制造产业区到科创中心建设主体承载区的临港故事，让师生们从区域发展感知时代脉搏。

课程直击

推动全员育人，思政意识全覆盖，复旦大学已拟定相关政策，在各个院系成立课程思政改革领导小组，结合学科自身特点，找准本院系各类课程教学的关键点，制定方案，组织编写教材和教辅材料。同时建立课程思政工作的评价体系，院系课程思政工作情况纳入院系教学绩效考核指标体系。

《文汇报》2018年1月8日（1）

思政课　叫人怎能不爱听

姜泓冰

大学里，最难讲、最无趣、最容易"混"的是什么课？不要再脱口而出"思政课"了！

近年来，上海高校不断探索创新思想政治教育方式，从"思政课程"到"课程思政"，建立起多圈层同向同行又融会贯通的"大思政"育人同心圆，让思想政治工作贯穿于大学教育全方位、全过程，春风化雨，引航成长。

大学党委书记、校长带头开讲，知名教授、行业专家联手助阵，线上线下结合、校园大师剧排演、校史教育等形式多样……思政教育，原来可以很"红"也很"炫"。

主讲队伍更强大，"一把手"开讲成常态

"你们完成本科学业时，正好是在中国共产党成立100周年，也就是第一个百年目标实现时；到2049年，第二个百年目标实现之年，同学们依然是各自岗位的中坚力量，将作为主力军亲身参与，并亲眼见证几代人为之奋斗的中国梦在你们手中成为现实！"去年的复旦大学开学典礼上，党委书记焦扬为2017级新生上了开学第一课。她从校史和校友故事入手，讲述高校与大学生的时代责任和使命，期望学生们学会为人、学会为学，在时代的坐标中找到自己的定位，书写更加美好的未来。两小时的授课，收获了学生们31次掌声。

华东师范大学党委书记童世骏是知名哲学学者，曾因思政课讲得精彩

被学生评为"最受欢迎教师"。每个学期,他都会站上思政课讲台,从两门本科生必修课到硕士生课程"中国特色社会主义理论与实践研究",加上学习贯彻十九大精神等专题讲座,中英文对照的精彩课件,深厚的理论底蕴和深刻的个人体会,每每让学生们受到震撼和启发。

"目前思政课的学分,几乎占高校学生四年总学分的1/10。如果一所高校的思政课教学质量不高,那么这所学校的整体教学质量也不会好!"童世骏这样为高校思政教育定位。

在上海,大学党委书记、校长带头开讲思政课,正在成为校园里的新常态。上海按照"党委统一领导、党政部门协同配合、以行政渠道为主组织落实"的思路,建立健全了高校思政教育的领导体制和工作机制,全市所有高校都成立了课程思政改革领导小组,由高校党委书记担任组长,并设立专门办公室推进落实。在具体课程教学中,校领导与教师们集体备课,让思政教育真正成为"一把手工程",也大大激发了教师教学改革积极性,院士、知名专家加入"思政"队伍,蔚然成风。

上海交通大学党委书记姜斯宪不仅给新生上思政第一课,还为毕业生上最后一堂"微党课";上海立信会计金融学院党委书记李世平在"诚信中国"课上,深入浅出地讲解社会主义核心价值观对诚信的要求;上海健康医学院党委书记郑沈芳、校长黄钢和上海市卫计委领导联手,讲述"健康中国"历史进程和医学生对于健康中国梦的担当……"一把手"们走上思政课讲台,为学生上大课、讲大势、传大道,极大提升了思想政治教育的亲和力和针对性,满足了学生成长发展的需求和期待。

授课方式更多样,线上线下相结合

"世行为什么'看涨'中国?""为什么说中国赢,就是世界赢?"去年12月21日晚,上海大学的"经国济民"课堂上,该校"十九大精神宣讲团"成员尹应凯和经济学院的两位教授、两位博士生共同主讲,把新闻时事引入课程,切实分析中国经济发展进入新时代、未来新作为等内容。教室里座无虚席,其中还有不少没选上课来蹭听的学生。

"经国济民"是上海大学自2014年11月起开设的"大国方略"系列课程中的第五门课。从"大国方略""创新中国""创业人生"到"时代音画""经国济民",这一系列公共选修课程在"国家发展和个人前途的交会点上",引领大学生思考未来,规划人生,增进政治认同,增强文化自信。教学上,采取

获得过国家级教学成果奖的"项链模式",至今已有近百位校内外各学科的名师大家与课程主持人——上海市高校思政课名师工作室"顾晓英工作室"负责人顾晓英、著名社会学教授顾骏等联袂上课。这些课程还从线下延伸到线上。其中,已有500多所学校的10万多名学生选修"创新中国",入选了首批教育部精品在线课程,是地道的"网红课"。

2014年是上海启动教育综合改革的年份,"高校思想政治教育模式创新"被列为专题任务,包括12个重点项目。其核心就是将思政教育从国内大学统一设置的4门必修思政课,扩展渗透到学校教育教学全过程,充分体现在学校日常管理之中,在落小、落细、落实上下功夫,从而把"立德树人"、培育和践行社会主义核心价值观有机融入整个教育体系。

如今的上海,"中国"系列课程已经实现高校全覆盖。复旦大学有"治国理政",华东师范大学有"中国智慧",东华大学有"锦绣中国",华东政法大学有"法治中国",上海海事大学有"大国航路"……这些课程围绕95后、00后大学生的群体特征,结合学校的专业学科特色,围绕当下热点、时代大势,回应学生的成长困惑,授课方式也更多采用专题讲座结合"头脑风暴"式讨论和调研实践。

课程辐射更广,专业课同样是育人课

在上海市教卫工作党委书记虞丽娟看来,高校思想政治教育课程体系既要牢牢把握思想政治理论课在思想政治教育中的核心课程地位,又要充分发挥其他所有课程的育人价值。据介绍,目前,上海已形成以思政课必修课为核心、数十门"中国系列"思政课选修课为骨干、300余门综合素养课为支撑、1000余门专业课为辐射的"课程思政"育人同心圆,圈层效应初步显现,充分体现了习近平总书记关于"各门课都要守好一段渠、种好责任田"的重要论述要求。

从"思政课程"到"课程思政",意味着大学专业课堂在传授专业知识技能的同时,都要纳入能够引导学生树立正确价值观和世界观的内容。

每名医学生都要上"人体解剖"专业课,在上海中医药大学,主讲教授张黎声精心设计的第一课,就是让学生了解遗体捐献的具体过程和意义;每次课前要求学生们表达对遗体捐献者的敬意;解剖楼布置了"遗体捐献文化长廊"……"科学与人文是医学的双重属性,在教学生做医生之前,更要教他们如何做好一名社会人。"张黎声说。

"课堂不仅是知识传授的舞台,更是价值引领的阵地,每门课蕴含的育人功能都应发掘出来。"上海师范大学党委书记滕建勇说:"课程思政教学改革将从专业观出发,提升专业教师思政育人的意识和能力,绘好课程思政同心圆。"

实现全员、全方位、全过程立德育人,让思想政治教育与专业学习水乳交融,靠的是踏实建设、科学谋划。上海将提升思政课教学质量作为高校马克思主义学院建设的核心任务,从复旦大学、华东师大两所全国重点马克思主义学院,到15所上海高校示范马院以及包括高职高专和民办高校在内的35所其他高校马院,实行全覆盖支持、分类清单式管理,协同发展。去年上半年组织开展的一次全市思政课建设大调研,随机访谈学生近3000人,96.8%的大学生表示很喜欢自己的思政课教师。

自2014年起,上海每年投入近5亿元专项经费,用于激励著名教授为本科生主讲专业基础课程,针对专业课程的育人功能和任课教师的育德实效开展绩效评价,同时对专业课骨干教师开展多层次课程思政专题培训,深入挖掘各类课程的思想政治教育资源,强化课程大纲与教案的审查、认真履行听课制度。

《人民日报》2018年1月10日(12)

课程直击

附录九
媒体报道集锦

1.《上海大学开设"经国济民"课 带90后解读"中国之谜"》，许婧，中新网http://finance.chinanews.com/gn/2017/09-14/8331357.shtml

2.《上海大学课堂思政品牌"大国方略"开出第五个系列"经国济民",用中国话语来解读"中国之谜"》,彭德倩,《解放日报》2017年9月21日(7)

3.《中国经济缘何超过日本，逼近美国！上海大学"大国方略"系列课程探讨"中国之谜"》，吴苡婷，《上海科技报》2017年9月19日（B4）

效率是经济思考的核心问题，中国的经济效率堪称世界奇迹。今天的世界124个国家实现经济发展，12个国家和地区跨过"中等收入陷阱"，其中包括5个东亚国家和地区，即日本、韩国、中国香港、中国台湾、新加坡；5个欧洲国家，即西班牙、葡萄牙、塞浦路斯、希腊、马尔他；以及中东的以色列和阿曼。其他国家包括拉丁美洲各国，或者是始终处在贫困国家水平线之下，或者是进入了中等收入水平，如人均GDP达到8000-11000美元之后，始终徘徊，没有突破。只有中国实现了30年GDP快速增长，2009年中国超越德国成为世界最大出口国；2010年中国经济总量超越日本，成为世界第二大经济体；2011年中国人均国民收入4930美元，成功实现从低收入国家向中等偏上收入国家的跨越，最终形成现代化的"中国模式"或"中国道路"。目前中国的GDP总量已经大约是日本的2倍，慢慢接近美国的总量水平。中国经济发展的神秘色彩越来越浓重。

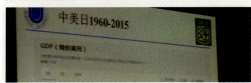

顾俊教授在接受记者采访时表示，"大国方略"系列课程的目的是要向大学生传递一个信息，那就是中国正大步走向世界，在这个历史转折点上，中国需要处理好同世界的关系问题。课程希望大学生运用一种眼光、掌握一种本领，能对中国发展大势作出自己的判断，了解可能面临的机遇和挑战。

课程直击

4.《紧扣主题 量身定做 启迪未来 上海大学思政课为什么"红"》，吴振东、白少波、张千千，《新华每日电讯》2017年12月26日（1）

5.《大学思政课为啥火了?》《人民日报(海外版)》2018年1月2日

课程直击

这个问题。"顾晓英表示,"大国方略"系列课正是从当今社会热点和大学生迫切需求入手,努力引领他们感受时代、读懂中国、养成家国情怀,在民族未来中看到个人的前途与责任。

"大国方略"课为什么能"红"?告别思政课教师"单兵作战",让经济、历史、法学、文化、国际关系等各领域教授、学科带头人联袂授课,无疑是其"圈粉"的重要砝码。

顾晓英称其为"项链模式"——思政教师如同"项链"基底,课堂上起着穿针引线、主持串场、引导互动的作用;名家大咖则是镶嵌其上的"钻石",他们从各自专业背景出发,带给学生不同的学科视角,形成了育人的集成效应。

品牌课程引共鸣

"上大学前,我生活在湖北恩施土家族苗族自治州的一个小山村,后来考上大学、读研究生、出国深造。我深深感到,正是得益于国家的快速发展,我们才有机会实现自己更大的抱负。"不久前的"创新中国"课上,应邀授课的国家杰出青年科学基金获资助者张建华的一番讲述,让在场学子深受感染。"我相信,在这个时代,靠着自己的努力,一定能大放异彩。"有学生说道。

本科生肖畅在"创新中国"课上聆听了上海大学无人艇团队的科研经历后,在感言中写道:"我为整个团队迸发出的团结和朝气而感动,正如老师们所说'要有心怀为国的心,才能成就大事业',这句话将成为我创新之路上的指示灯。"很多学生表示,课程带给我们的不仅是理论知识,还有共鸣感以及对未来的思考。

上海高校思想政治理论课教学改革协作组组长忻平认为,通过集体备课、共同教研,"大国方略"系列课真正做到了价值引领与专业知识的结合,做到了形散神聚。不同专业背景、不同人生阅历的教师,在同一课堂回答同一主题,把道理融入故事,用故事讲清道理,以道理赢得认同,使思政课的说服力感染力不断增强。

上海市教委表示,正在积极开展试点,支持高校推出更多"中国系列"品牌课程,使之成为广受师生欢迎的"热门课",并将通过推进集体备课等多种形式,把十九大精神全面融入多样化的思政课堂教学之中,努力为当代青年打好中国底色,引领他们逐梦出彩新时代。(据新华社上海电 吴振东 白少波 张千千 参与采写:牧小湘 王钟毅)

6.《上海高校构筑"思政意识"全覆盖体系》,姜澎、樊丽萍,《文汇报》2018年1月8日(1)

7.《思政课 叫人怎能不爱听》，姜泓冰，《人民日报》2018年1月10日（12）

后　记

呈现在大家面前的是继《创新中国课程直击》《大国方略课程直击》后的第三部"课程直击"书。它是我们团队集体智慧的教与学成果，更是可供读者交流的鲜活一手材料。本书编撰过程中，恰逢中共中央、国务院印发《关于全面深化新时代教师队伍建设改革的意见》，这是新中国成立以来党中央出台的第一个专门面向教师队伍建设的里程碑式的政策文件。它倡导全社会尊师崇教，争取让教师成为让人羡慕的职业。本书聚焦课堂教学，礼赞活跃在讲台上的"大国良师"。

本书收录了2017—2018学年秋季学期首轮开课的"经国济民"的"项链模式"专题课。每个专题按照教学顺序编排，配上每次课后的学生反馈（源自网络课程论坛、微信课程群、期末总结、试卷答题）。首轮课程由顾骏教授担纲课堂主持并主讲，我本人服务课堂并辅助教学。2017-2018学年冬季学期由尹应凯老师担任课堂主持人。

本书的主体部分为上下篇。上篇展示教学团队开课前后的课程相关研究；下篇为九堂充满活力的原生态课堂展示，由"教师说""学生说"组成。我简化了"教师说"部分，具体内容可点击超星尔雅通识课——"经国济民"在线课程教学视频。我们依旧采取"项链模式"，由专门主持人把控课程主线，把两位及以上不同学科的嘉宾教师请进课堂，把实体课堂与网络虚拟课堂连接起来，把课堂教的内容尤其是学生学的感受搬到书里，让静态的纸质文本可以对接动感的手机课程"学习通"，这些都是最新尝试。正文后面增列课程安排、金句集萃、核心团队、教师风采、新媒体推广、在线课程、项目和基金、媒体报道精选、媒体报道集锦等九个附录。

本书付梓之际，我要特别感谢社会学院顾骏教授和文学院忻平教授。是顾骏教授、忻平教授和我之间的会间偶遇且有合拍的策划思路才有之后迅速创生的"大国方略";是"双顾组合"的精诚联袂,诞生了"创新中国""创业人生""时代音画"和"经国济民"系列课程;是顾骏教授睿智生花的思想创意和课堂话语激发了系列课程的勃勃生机;是聂永有教授、尹应凯副教授以及经济学院骨干团队的执着坚持和辛勤付出才拥有"经国济民"的今天。我还要特别感谢所有受邀来到"经国济民"课堂的任课教师。他们是经济学院沈瑶教授、殷凤教授,管理学院于晓宇教授,镇璐教授,法学院许春明教授,社区学院陈秋玲教授;他们是经济学院副教授毛雁冰、赵金龙、朱婷、许玲丽、王学斌、巫景飞、李靖,"担当者行动"联合创始人官文宾,悉尼工商学院副教授胡笑寒、帅萍等。两个学期以来,20多位教师百忙中被我和应凯老师"抓"到课堂,展示了自己的德才,满意了学生,点燃了学生梦想。他们是一群快乐的"思政志愿者"。他们用敬业严谨、教书育人的使命感和责任感、学科成就与家国情怀激励了学生,也感染了我,鞭策我和应凯老师更用心地服务团队、经营课程并认真成书。我还要感谢校内外各部门,是他们放给我们创新空间,让系列课程愈发精彩,愈加显现强大的影响力。我还要感谢媒体朋友,是他们用慧眼与妙笔,把课程成功推介到四面八方,让成果惠及更多高校,满足更多大学生的期待。我还要感谢超星公司,他们用镜头随堂记录"经国济民"课堂的每个细节,用辛勤的后期制作,剪成在线课程,让成千上万的高校师生有机会零距离共享课程。

2018年的寒假,我和尹应凯老师分头整理了开课第一学期和第二学期的课程内容与学生反馈文字。我们翻阅了两学期以来教学团队积累的所有学生的1000多份期末小结、乐乎论坛帖子和考试答卷,找寻并摘录了部分学生课后反馈文字,录入学生笔下"教师课堂金句"。书中选用的研究论文、媒体报道等均注明出处,尽可能做到"原生态"。前九课"教师说"主要源自顾骏教授的课堂教学内容。任课教师简介均经由教师本人提供并审定。书中选用的教师照片全部采自"经国济民"课堂。

特别鸣谢尹应凯老师拨冗提供许多"原生态"资料。

系列课程的运行得益于团队每一位成员的辛勤付出,本书出版得益于上海大学出版社傅玉芳老师及她率领的编辑团队的细致加工,在此深致谢忱!本书谬误之处难免,敬请指正。

顾晓英
2018年4月于上海大学